直面人类未来

2021年度人类社会发展十大科学问题解读

中国科学技术协会/主编

TOP CHALLENGES FACING HUMANITY

科学出版社
北　京

内 容 简 介

本书以第三届世界科技与发展论坛发布的2021年度人类社会发展十大科学问题为基础，由相关领域专家对各个问题进行权威解读，深入挖掘生态、医疗、信息领域与可持续发展相关的问题，以准确的数据和资料为依据，结合人类经济社会发展的需求，阐述当下面临的现状和主要问题，展望未来发展趋势，并提出可实施的具体措施与建议，突出十大科学问题的前瞻性、战略性，并确保解读文章的专业性和普及性。希冀汇聚智慧的力量，传播科学精神，启发读者以科技创新、国际合作促进可持续发展，推动构建人类命运共同体。

本书可作为科技管理人员出台相关政策、一线科技人员规划研究方向的重要参考，也适合普通公众了解相关科学问题。

图书在版编目（CIP）数据

直面人类未来：2021年度人类社会发展十大科学问题解读/中国科学技术协会主编.—北京：科学出版社，2022.11

ISBN 978-7-03-073611-6

Ⅰ.①直…　Ⅱ.①中…　Ⅲ.①未来学－研究　Ⅳ.①G303

中国版本图书馆CIP数据核字（2022）第205518号

责任编辑：张　莉 / 责任校对：韩　杨
责任印制：师艳茹 / 封面设计：有道文化

科学出版社 出版
北京东黄城根北街16号
邮政编码：100717
http://www.sciencep.com

北京市金木堂数码科技有限公司印刷
科学出版社发行　各地新华书店经销

*

2022年11月第一版　开本：880×1230　1/32
2025年3月第二次印刷　印张：9
字数：187 000

定价：118.00元

（如有印装质量问题，我社负责调换）

直面人类未来
2021 年度人类社会发展十大科学问题解读

编 写 组

（以文章先后顺序为序）

温宗国	陈伟强	宋璐璐	唐岩岩	徐卫华	江　南
臧振华	黄　萍	赵　磊	董战峰	毕粉粉	冀云卿
赵继宗	王明泽	黄安鹏	卢清君	任福继	李太豪
郭华东	陈　方	孙中昶	李晓松	梁　栋	刘　伟
金潇阳	孙家广	王建民	叶晓俊	金　涛	刘　璘

序

发展是第一要务，科技是第一生产力，人才是第一资源，创新是第一动力。党的二十大把高质量发展作为全面建设社会主义现代化国家的首要任务，强调把教育、科技、人才作为全面建设社会主义现代化国家的基础性、战略性支撑。当前，全球科技创新进入空前密集活跃的时期，新一轮科技革命和产业变革深入发展，深刻影响着人们的生产生活，深刻影响着人类文明和全球治理。同时，世界百年未有之大变局加速演进，全球性问题加剧，全球发展面临严峻挑战。气候变化、资源短缺、粮食危机、重大传染性疾病等全球性问题层出不穷，深刻影响着全球经济社会可持续发展。联合国 2015 年发布《变革我们的世界：2030 年可持续发展议程》(Transforming Our World: The 2030 Agenda for Sustainable Development，以下简称《2030 年可持续发展议程》)，开启了全球发展合作的新篇章。习近平总书记在第七十六届联合国大会上提出全球发展倡议，希望各国共同努力，加快落实 2030 年可持续发展议程，构建全球发展命运共同体。

以科技创新推动可持续发展已成为破解各国关心的重要全球性问题的“金钥匙”。习近平总书记在党的二十大报告中指出，我们要拓展世界眼光，深刻洞察人类发展进步潮流，积极回应各国人民普遍关切，为解决人类面临的共同问题作出贡献。自 2019 年开始，中国科学技术协会（以下简称中国科协）联合爱思唯尔（Elsevier）、英国工程技术学会（The Institution of Engineering and Technology，IET）等国内外知名组织和期刊，围绕联合国《2030 年可持续发展议程》提出的 17 个发展目标，评选发布人类社会发展十大科学问题，来自中国、美国、英国、加拿大、新加坡等国家和地区的顶尖专家共同参与研判。通过评选发布活动，有效汇集全球智慧，引导全球科学家凝聚共识、协同攻关，深化全球科技界开放、信任、合作。

2021 年度发布的人类社会发展十大科学问题，聚焦生态、医疗、信息三大领域，其中，生态领域重点关注人类与自然资源的供需关系、气候变化与生物多样性的复杂关系、循环经济发展模式；医疗领域重点关注恶性肿瘤、心脑血管疾病等重大疾病的诊疗策略，远程医疗诊断系统、数据信息技术在医疗领域的应用前景；信息领域重点关注人类智能形成机制、数字化社会可持续发展模式、机器信任如何影响人类社会结构。

这些重大科学问题，既是国内外科技界的共同关注，也是人类可持续发展面临全球性挑战的重要方面。为更好地解读这十大科学问题的前瞻性、战略性，激发广大科技工作者创新动力，促进社会公众更加关注世界科技前沿和发展趋势，更好地发挥科技、人才在全面建设社会主义现代化国家中的基础性、战略性支撑作用，由中国科协牵头，组织相关领域一线科研专家对这些问题进行解读并集结成《直面人类未来：2021 年度人类社会发展十大科学问题解读》一书。围绕这 10 个科学问题，从定义与含义出发，阐述问题的科学意义与战略价值，综述各领域的研究现状和存在的主要问题，展望未来发展方向和需要解决的关键科学问题，并提出具体可实施的措施建议。

共行天下大道，携手科技创新。构建人类命运共同体是世界各国人民前途所在，拓展国际科技交流合作、共筑开放创新生态是全球科技同仁的共同使命。愿全球科技界汇聚价值共识，扎紧信任纽带，在开放中创造机遇，在合作中破解难题，共同推动世界可持续发展，共同开创人类美好未来。

中国科协党组书记、分管日常工作副主席、书记处第一书记

张玉卓

2022 年 10 月

目录

Contents

如何建立以自然为基础的循环经济，实现可持续生产和消费，使人类和地球都受益？

当下人类社会发展对大自然原材料等的需求已经超过了地球通过资源再生所能提供的数量。同时，人类对自然资源的过度开采、密集型生产和浪费型消费方式，使得自然资源的循环率继续下降，这种模式是不可持续的。更可持续的经济增长方式是什么？应如何建立起能够保护自然资源、保持生物多样性以及维护好生态系统的循环经济发展模式？

构建以自然为基础的循环经济：进展、挑战与对策

■ 温宗国　陈伟强　宋璐璐　唐岩岩

在气候变化和资源耗竭的背景下，线性发展模式的局限性日益显现。循环经济旨在通过减量（reduce）、再使用（reuse）、再循环（recycle）（简称3R），促进产品、零部件和材料的“闭路循环”，以循环发展模式代替线性发展模式，提高社会经济系统中资源和能源的使用效率，实现经济增长与生态环境保护的双赢。循环经济提供了一个全新的经济发展方案，有助于缓解资源约束，减轻环境压力，促进可持续生产和消费，打造更加健康的自然生态系统，开创更加和谐的社会–自然关系，实现可持续发展和碳中和目标，使人类和地球都受益。

Haas团队[1]的研究结果表明，从资源回收端来看，全球循环经济发展水平较低，资源循环利用率仅为8.9%。王鹤鸣团队[2]的研究结果表明，中国的资源循环利用率由2005年的11.8%

快速增长至2015年的17.0%，已经接近或超过发达国家水平（日本与欧盟的资源循环利用率分别为20.9%和14.8%）。然而，全球循环经济发展远未达到预期水平，未来仍须加大力度推进循环发展模式的高质量转型。

随着循环经济发展从概念走向实践，循环经济的理论框架与实践模式也在不断完善。然而，循环经济在发展过程中仍然存在一些问题，面临一定的挑战：一是全球各国和地区发布的循环经济评价体系不一致，导致全球循环经济转型的战略成果缺乏可比性；二是循环经济实施路径的优先性、可操作性和量化研究存在缺失，难以深入和精准地为循环经济的实施规划提供指导性意见；三是循环经济技术水平有待提升，在跨学科交叉领域结合、全链条科技创新成果转化环节仍然存在短板；四是循环经济立法及配套政策忽视了对消费环节资源过度使用的管控，并且缺乏操作性强的清单和方案；五是在理论共享、产业合作、技术引进、标准互认等方面尚缺乏足够的国际合作。

循环经济转型已成为国际主流共识，为持续推动循环经济的高质量发展，我们提出以下建议：一是完善数据核算基础，构建一套国际通用、科学合理、操作性强、系统全面的循环经济评价指标体系；二是厘清不同产品或行业循环经济实施路径的优先级，同时构建相应的实施方案和关键技术清单；三是促进政用产学研深度融合，形成高效的组织动员体系和协调的科技资源配置模式，进一步提升科技创新能力；四是加强整体立法，强化部门合作，完善配套政策，协调循环经济的实施方案；五是建立多主体、多层次、多形式的合作机制框架，深化循环经济领域的对话与交流，为全面推进全球循环经济战略转型提供重要支撑。

一、循环经济的内涵与重要性

（一）循环经济的定义与内涵

物质资源是支撑人类生产和生活的重要基础。然而，现有的线性经济发展模式导致大量物质资源的消耗和废弃物的产生，同时造成了生态环境的恶化[3]。具体体现在以下方面：①自 20 世纪 70 年代以来，全球物质资源的开采量增长了 3 倍，其中非金属矿物增加了 5 倍，化石燃料增加了 45%；②全球 50% 的温室气体排放、超过 90% 的生物多样性损失和水资源短缺都与矿石、燃料和食品等物质材料的开采和加工有关；③ 2060 年，全球物质材料使用量将翻一番，从 2017 年的 920 亿吨增长到 1900 亿吨，温室气体排放量随之增加 43%[3]（图 1）。

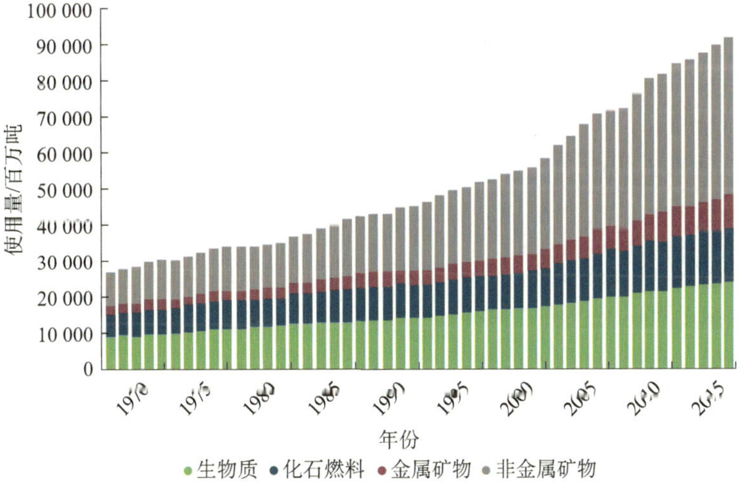

(a) 1970～2015年全球物质资源使用量

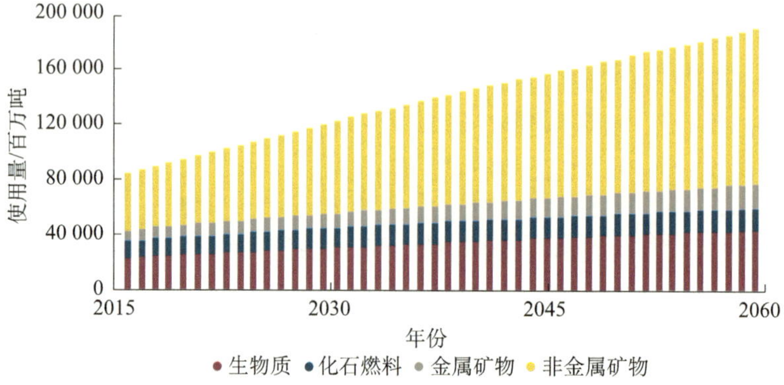

（b）2015～2060年全球物质资源使用量

（c）如果不采取协调一致的行动，物质资源使用量的快速增长和低效利用将对环境造成巨大压力

图1　1970～2060年全球物质资源使用量及其对环境的影响[3]

线性经济发展模式以经济增长为核心宗旨，对自然生态系统造成了空前的破坏和压力，最终将威胁人类和地球的生存安全[4]。如何构建生态和谐的生产和消费模式，让生活更快乐、社会更公平、地球更健康？循环经济提供了一个更富有发展前景的方向。如图 2 所示，循环经济强调以循环发展模式代替线性发展模式，旨在通过 3R 模式，促进产品、零部件和材料的“闭路循环”，提高社会经济系统中资源和能源的使用效率，实现经济增长与生态环境保护的双赢。

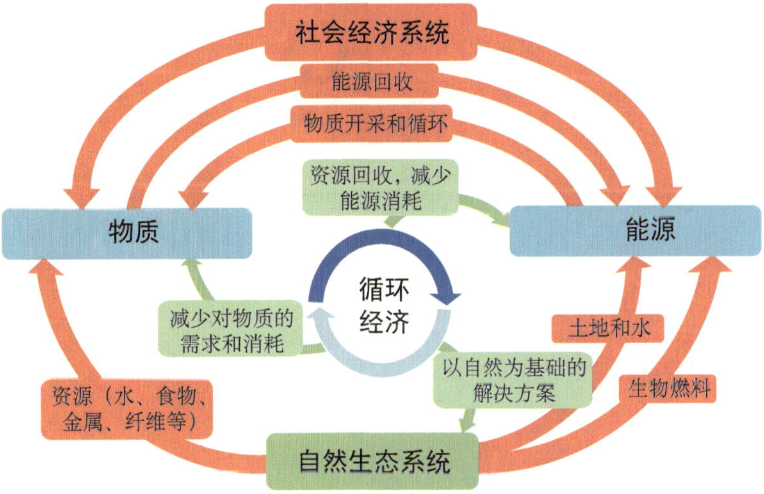

图2 社会经济系统与自然生态系统之间的联系

（二）循环经济的发展路径

循环经济在经历了 20 世纪 60 年代的思想萌芽阶段（第一阶段）和 90 年代的理论模型构建阶段（第二阶段）后，在政府、国际组织以及科研工作者的推动下，进入了快速发展的第三阶段 [5]。特别是，随着联合国确立 2030 年全球可持续发展目标（Sustainable Development Goals，SDGs）和巴黎会议通过应对气候变化的《巴黎协定》，循环经济受到越来越多的重视。时至今日，循环路径的 3R 模式正被进一步细化为 10R 模式（图 3）[6]。

1. 废物端循环：再循环（recycle）路径

废物端循环是循环经济资源化原则的具体体现，主要是指

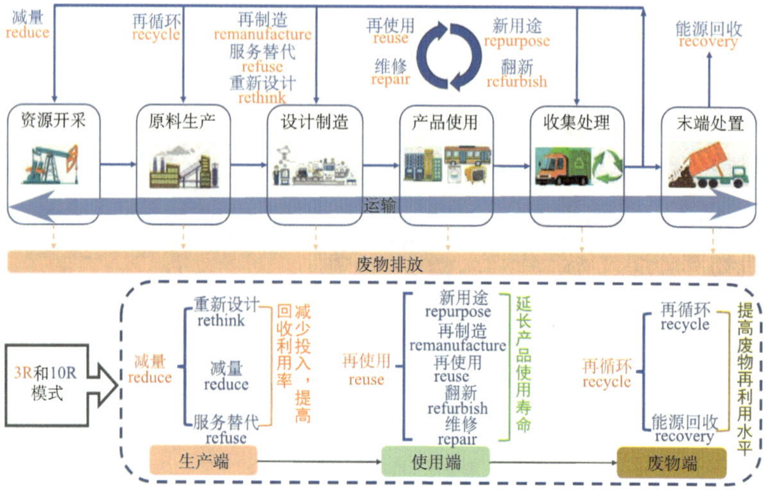

图3　循环经济的10R模式

注：refuse原意为回绝，本文作者认为此处将其译为“服务替代”更符合10R的理念，具体是指用完全不同的产品替代另外一种产品提供相同的服务。

对生产和消费后的废弃物进行再使用。一般而言，废物端循环主要包括再循环和能源回收。

（1）再循环（recycle）。指对废弃材料或产品进行回收加工，以获得相同/更高等级（升级循环，upcycling）或更低等级（降级循环，downcycling）的再生资源。就当前的回收技术而言，升级循环通常是比较难以实现的[7]。

再循环过程又分为闭环循环（原级再循环）和开环循环（次级再循环）。闭环循环是指废弃物被用来生产同种类型的新产品。例如，用废报纸生产新报纸，用废旧易拉罐生产新易拉罐等。开环循环是指废弃物被转化为其他产品的原料。理论上，因避免了运输和收集等环节的物质能源消耗，闭环循环是循环经济的理想方案。但事实上，由于回收循环过程受诸多因素（包括物料价格、回收技术、环境等）的影响[8]，闭环循环不一定比开环循环的效益更高。因此，在实际应用中，应为不同的材料、产品、行业制定有区别的再循环目标。

（2）能源回收（recovery）。指将废弃物中的有机物和无机物部分通过厌氧分解、提取精炼等处理转化为可使用的能量。能源回收是对再循环模式的重要补充，是规模和来源最分散的循环模式[9]。相对于其他循环模式而言，能源回收可能会造成可回收资源的浪费，但确实是一种折中的方案[10]。

2. 使用端循环：再使用（reuse）路径

使用端循环主要是指在产品使用过程中，通过尽可能多次或多种方式使用产品，从而延长产品的使用寿命、推迟报废年限的方式。对不同的产品而言，使用端的循环模式存在一定的随机性和不确定性。使用端的循环模式分为新用途、再制造、再使用、翻新和维修。

（1）新用途（repurpose）。指废弃产品或零部件被用于其他用途，也被称为开环再使用（open-loop reuse）。新用途是再制造、再使用、维修和翻新模式的补充。被用作新用途的产品或零部件因其零散性高，在实际生产应用中很难被追溯认定。

（2）再制造（remanufacture）。指废旧产品的零部件被用来制作新产品。再制造产品应具备与全新产品同等的质量和性能。一般而言，再制造模式适用于特定行业的耐用组件[11]。

（3）再使用（reuse）。指用户第二次使用或由其他用户再次使用仍然处于良好状态的产品。再使用是全球各国鼓励推行的循环模式。在实际应用中，该类模式主要包括两类产品：一类是重新出售的产品，这类产品依赖于用户使用二手产品的倾向以及二手市场的普遍性和正规性[12]；另一类是需要租用、共享、退还押金的产品（如共享单车等）。

（4）翻新（refurbish）。指对产品的功能进行升级，通常不涉及拆卸，仅限于更换零部件，可被视为“轻型”再制造。翻新可使产品恢复质量标准或令客户满意的性能。

（5）维修（repair）。指通过更换故障部件使损坏的产品重新运行。需要注意的是，这里的维修不是维护，维护包括再制造、翻新和维修等一系列预防和补救措施，一般不被认为是循环模式。

3. 生产端循环：减量（reduce）路径

生产端循环强调对产品的设计方案进行重新构思。生产端循环模式具有前瞻性和先导性，是使用端循环和废物端循环模式顺利开展的重要保障。生产端循环模式包括重新设计、减量和服务替代。

（1）重新设计（rethink）。指对产品和生产流程的绿色设计。重新设计是其他循环模式顺利开展的决定要素，如易拆解的产品更容易维修、翻新、再制造和再使用。

（2）减量（reduce）。指减少产品生产时所需的原材料和能源消耗，也包括减少产品的生产量。例如，鼓励消费者购买二手车和采用公共交通工具出行以减少新车的使用等[13]。

（3）服务替代（refuse）。指用完全不同的产品替代另外一种产品提供相同的服务。例如，用环保袋代替一次性塑料袋、用纸质吸管代替塑料吸管、用电动车代替燃油车[14]。

（三）循环经济的战略价值和科学意义

循环经济提供了一个全新的经济发展方案，该方案可以缓解资源约束，减轻环境压力，实现可持续发展和碳中和目标，促进经济持续增长，打造更健康的自然生态系统，开创更和谐的社会-自然关系，使人类和地球都受益（图 4）。

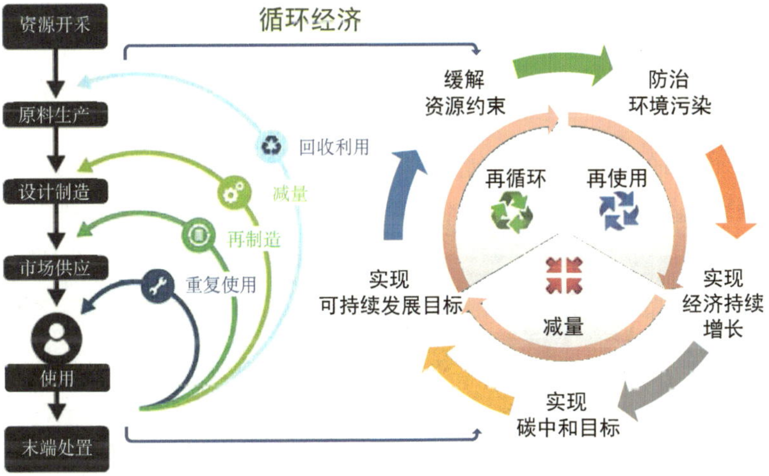

图4 循环经济的科学与现实意义

1. 发展循环经济是缓解资源约束的有效途径

循环经济提倡在生产环节实施生态设计和清洁生产，推动资源能源从源头减量，鼓励用可再生资源替代不可再生资源，循环利用有限的不可再生资源，最大限度地减少人类活动对原生资源的消耗，以更少的资源取得更大的发展，最终实现经济增长与资源消耗的脱钩。清华大学的研究表明，通过城市矿产资源开发利用，2030 年再生的铜、铁、铝和铅对原生资源的替代比例将分别超过 46%、53%、25% 和 45%，显著降低资源的对外依存度，并超过进口铜成为最可靠的资源保障渠道之一[15]。

2. 发展循环经济是防治环境污染的重要途径

循环经济一头连着资源，另一头连着环境，力求通过三种途径减少物质生产与消费过程中产生的污染物，包括：资源消耗主体避免排放各种污染物；对于源头不能消减的污染物加以循环利用；当以上两种途径都不能实现时，则将污染物进行无害化处置[16]。清华大学的研究表明，通过积极推广钢铁、电力、水泥行业之间物质和能量的循环利用技术，以 2015 年为基准，产业共生措施对钢铁行业 2020 年能源节约和二氧化硫减排的贡

献均可超过 30%[17]。艾伦·麦克阿瑟基金会的报告指出，如果推广共享交通出行方式、循环利用报废汽车、轻量化设计燃油车、用电动车替代燃油车等循环经济方案，我国交通行业的氮氧化物（NO_x）排放量可减少 9%，细颗粒物（$PM_{2.5}$）排放量可减少 10%[18]。

3. 发展循环经济是实现可持续发展目标的重要抓手

循环经济倡导的保护和充实自然资本以及构建可再生的工业体系的原则，是助力社会可持续发展的重要基础。具体而言，循环经济是实现联合国《2030 年可持续发展议程》可持续发展目标 12（采用可持续的消费和生产模式）的关键要素，有利于其他可持续发展目标的落实，如目标 9（建造具备抵御灾难能力的基础设施，促进具有包容性的可持续工业化，推动创新）[19]、目标 8（促进持久、包容和可持续的经济增长，促进充分的生产性就业和人人获得体面工作）。目标 8 中的一项具体目标是呼吁将经济增长与环境恶化和改善全球资源消费效率脱钩。显然，如果循环经济没有取得根本性进展，可持续发展目标就无法实现。

4. 发展循环经济是实现碳中和目标的强大支撑

循环经济在提升资源能源效率、减少资源能源投入的同时，也降低了温室气体的排放量。艾伦·麦克阿瑟基金会的研究表明，循环经济可有效减少全球水泥、钢铁、塑料和铝行业生产过程中的温室气体排放。其中，通过减少产废量、延长产品的使用寿命和材料循环利用方案可分别减少 10%、12% 和 18% 的温室气体排放，这是能源转型无法解决的[20]。清华大学的研究表明，通过水泥窑协同处置生活垃圾、废轮胎等替代能源技术，推进炉窑余热和生物质废弃物发电等循环经济措施，可以为我国水泥行业 2060 年碳中和目标贡献 33.7%[21]。

5. 发展循环经济是实现经济持续增长的突破口

如图 4 所示，通过重新设计生产和消费体系，循环经济可创造新的社会价值并带来经济增长点。世界经济论坛的最新报告《中国迈向自然受益型经济的机遇》(*Seizing Business Opportunities in China's Transition Towards a Nature-positive Economy*) 明确指出，社会经济系统转型将在中国创造 1.9 万亿美元的商业价值和 8800 万个新增就业岗位[22]。与此同时，艾伦・麦克阿瑟基金会的一项研究表明，循环经济可使欧洲产生高达 1.8 万亿欧元的经济效益，相当于 GDP 额外增长了 7%[23]。

二、循环经济的衡量方法、发展现状和问题

（一）循环经济的评价指标体系

随着循环经济越来越受重视，世界各国和地区对于其评价指标体系的相关研究也在不断深化，本文基于欧盟，以及中国和日本的已有研究，选取了一个数据可获且简单易懂的评价框架（包括典型的监测模型和评价指标）进行介绍。

循环经济的典型监测模型如图 5 所示，通过此模型可以追踪 14 类主要材料和废物的流动情况（M1 ～ M14），包括初级

材料的开采和进口、生产系统内材料的转换、商品的出口以及废物的排放和处理等。图 5 中的方框代表整个社会经济系统中物质流动的主要阶段，箭头代表物质和废物的流向，该模型可以在宏观层面监控一个国家或地区循环经济的整体运行情况。

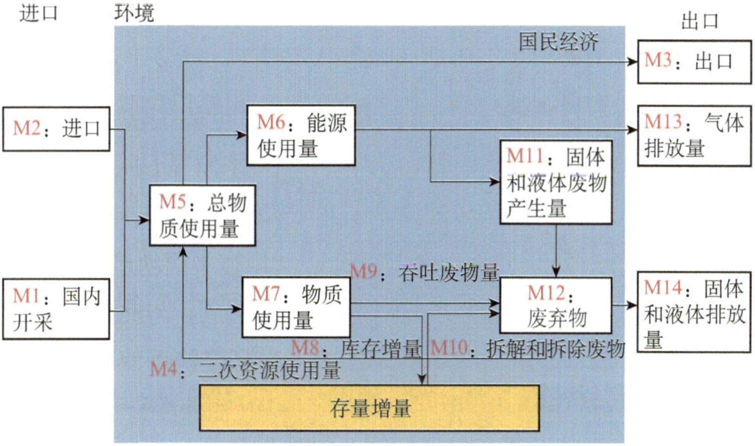

图5　循环经济的典型监测模型（根据Wang等[2]的研究结果修改）

在前述循环经济监测模型的基础上，构建循环经济评价指标并进行分析，以此来判断一个国家或地区循环经济运行的具体情况。其中，为了进一步科学量化资源输入和输出之间的比例关系，增强不同项目及园区之间循环利用水平的可比较性，最重要且应用广泛的两个评价指标是投入端循环利用率和产出端循环利用率，它们分别从投入端和产出端视角对资源循环利用情况进行评估。这两个指标的计算公式如下：

投入端循环利用率 = 二次资源使用量 / 总物质使用量

产出端循环利用率 = 二次资源回收量 / 废物总产生量

（二）全球循环经济发展现状

20 世纪以来，以工业化和城市化为显著特征的现代生产与生活方式导致的结果之一，是物质、能量在地球表面迁移转换的规模和结构受到了人类活动的极大干扰与改变，并带来资源耗竭、环境污染和生态破坏等威胁人类生存发展的问题。特别是在第二次世界大战之后，人类社会生产和使用物质资源的种类与数量都在持续快速增长[24]（图 6）。今天，我们不仅需要使用元素周期表中的几乎所有元素，而且每天都在发明和应用新的化合物与合金元素[25]。1900 ～ 2018 年，8 种典型金属铁、铝、铜、镍、钼、铬、黄金以及铂族金属的使用量分别增长了 19、9353、41、258、29 000、2612、9、62 倍；其中，钢铁、铝和铜的历史累积使用量分别达到 419 亿吨、14 亿吨、7 亿吨[26]。但在 1945 ～ 2018 年，合成纤维、合成橡胶以及塑料这三种典型化合物的生产和使用量分别增长了 1708、35、720 倍，达到 6491 万吨、1523 万吨、3.6 亿吨；历史累积产量更是分别达到 13 亿吨、6 亿吨、83 亿吨[25]。

在投入端，全球主要国家和地区的物质材料循环利用率如图 7 所示。2005 年，全球投入端循环利用率仅为 6%，但随着欧盟、日本等国家和地区大力推广循环经济政策，其在 2008 年之后的投入端循环利用率已经超过了 10%[1,2]。其中，荷兰、法国、日本、英国、德国的循环利用率处于相对较高水平。自 2008 年《中华人民共和国循环经济促进法》颁布实施以来，我国的循环经济事业不断蓬勃发展，其投入端循环利用率已经由

2005 年的 4.1% 快速增长到 2015 年的 5.8%，但接近全球 2005 年的平均水平。

在产出端，由于部分资源投入在社会经济物质流动过程中转为物质存量净增量（如基础设施和汽车等），所以产出端的循

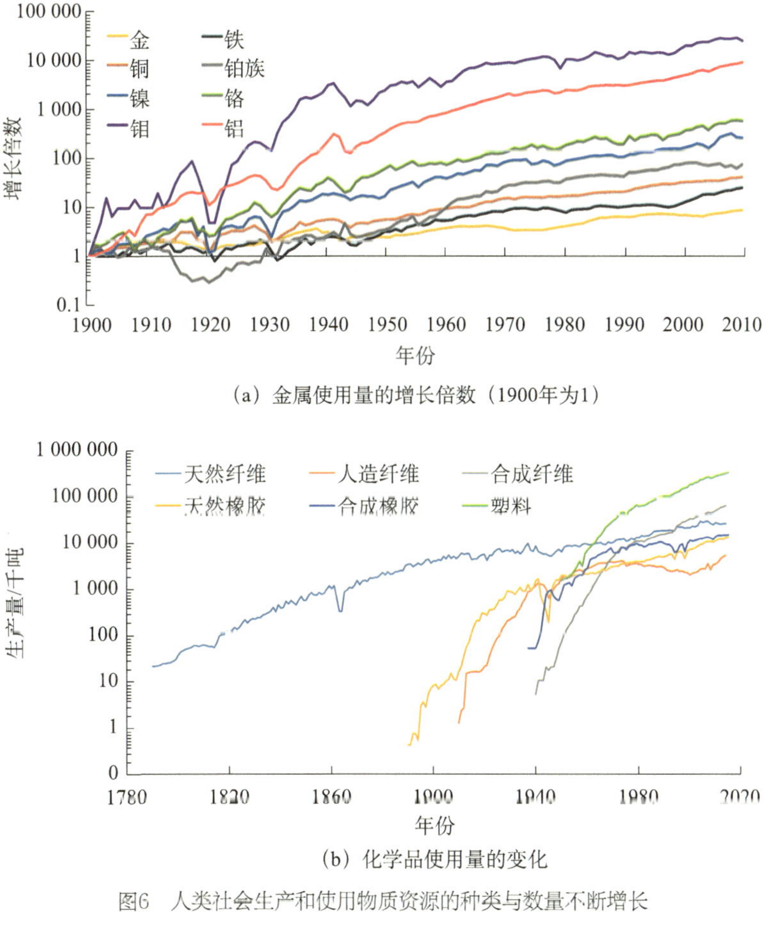

(a) 金属使用量的增长倍数（1900年为1）

(b) 化学品使用量的变化

图6 人类社会生产和使用物质资源的种类与数量不断增长

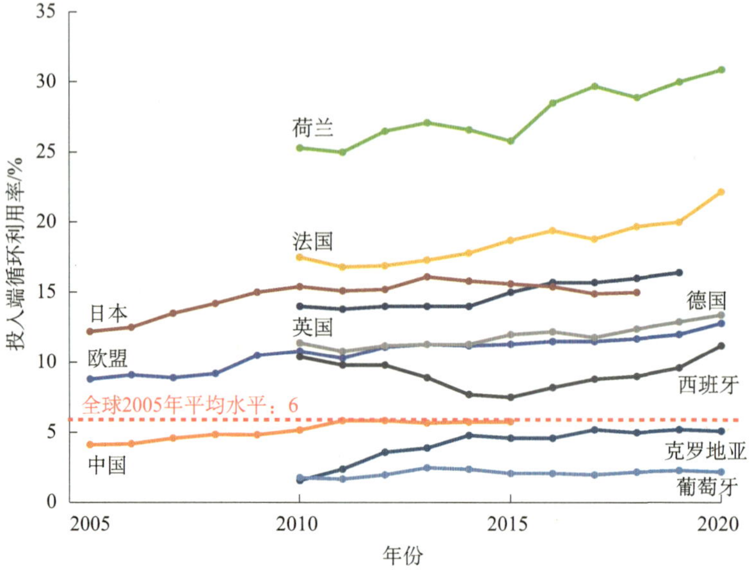

图7　世界主要国家和地区投入端循环利用率对比
（基于Wang等[2]和Haas等[1]的研究结果计算所得）

环利用率相对于投入端要高一些（图 8）。2005 年，全球产出端循环利用率为 8.9%，欧盟和日本的产出端循环利用率分别达到了 14.8%（2014 年）和 20.9%（2018 年），中国的产出端循环利用率由 2005 年的 11.8% 快速增长到 2015 年的 17.0%，自 2008 年开始已经超过欧盟 2014 年的平均水平。值得一提的是，中国建筑垃圾的循环利用率仍不到 20%，远低于欧盟 88% 的水平[27,28]，可见中国的循环经济仍有较大的发展空间。

在细分资源层面，可以采用平均回收率指标对其循环经济现状进行评估。如图 9 所示，耶鲁大学和联合国环境规划署的一项研究表明，如果将平均回收率分为 5 个区间，即大于 50%、

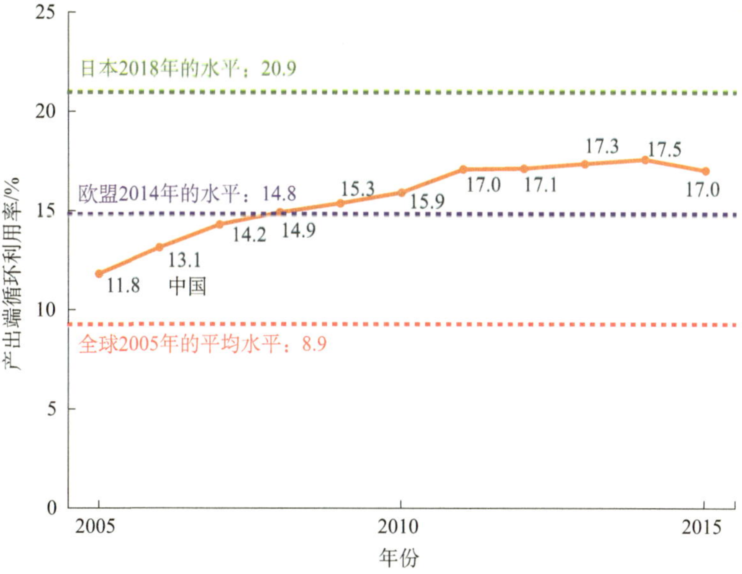

图8　中国、日本、欧盟以及全球的产出端循环利用率对比
（基于Wang等[2]和Haas等[1]的研究结果计算所得）

26% ～ 50%、11% ～ 25%、1% ～ 10% 和小于 1%，则全球 62 种金属中只有 18 种的平均回收率高于 50%，而且通常只是略高于该水平，有 3 种金属属于 26% ～ 50% 组，还有 3 种属于 11% ～ 25% 组，其余大部分金属则很少得到回收利用 [29]。

（三）全球循环经济发展的问题和挑战

1. 循环经济评价体系不统一

循环经济评价体系是评估循环经济发展现状和实施效果的科学依据，是制定循环经济发展目标和计划的理论基础。目前，

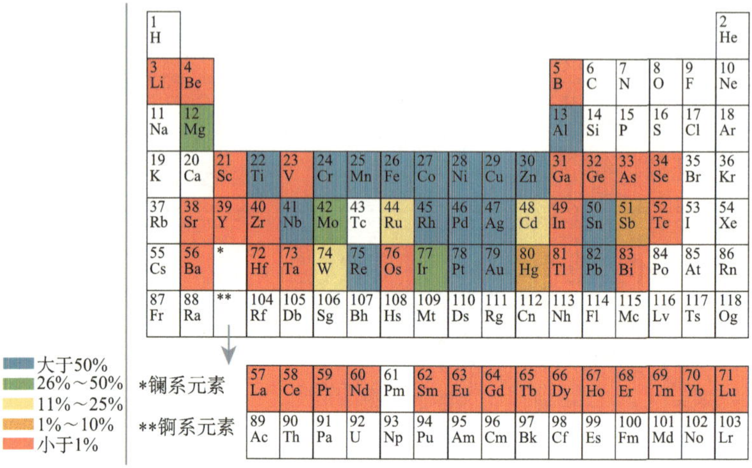

图9　全球62种金属报废后的平均回收率
（根据Graedel等[29]的研究结果）

全球各国和地区发布的循环经济评价体系的结构与指标并不一致，导致全球循环经济转型的战略成果缺乏可比性。

例如，欧盟和日本均发布了循环经济评价体系，但评价指标的选取、分类、定义和核算框架并不相同。欧盟的循环经济评价体系由4个监测维度（包括生产和消费、废物管理、再生资源和竞争力与创新）下的10个评价指标构成[28]。日本的循环经济评价体系则从资源生产率、循环利用率和最终填埋率3个监测维度设置了4个主要指标来评价循环经济的实施成效[30]。此外，循环经济的评价指标多关注废物端和生产端的资源管理与利用（包括污染物处理率、废弃物利用率和资源消耗强度等），较少涉及使用端的资源消耗特征，不利于推动和落实使用端的循环经济方案。

2. 循环经济实施路径不明确

随着循环经济理论的不断完善，国际组织和科研工作者在循环经济实施路径识别与潜力分析等方面取得了较大突破，但在论证循环经济路径的可行性、可操作性方面还存在缺失。例如，尽管有很多研究和报告对物质循环的路径与潜力进行了量化分析，但在路径解读和技术可行性方面仍然停留于定性分析层面，难以深入和精准地为循环经济的实施规划提出指导性意见。

循环经济的转型需要自上而下和自下而上地联合推动，既需要理论自上而下地总体规划和指导，也需要自下而上地形成公众、企业、政府三元合作的治理框架。因此，不断完善循环经济实施路径的可行性研究是落实循环经济政策的重要前提。在实践中亟须尽快系统总结现有技术模式的实践经验，加大对制约物质循环的关键技术环节的攻关力度，通过优化集成与整体设计，进一步提高发展循环经济的资源环境与经济的综合效益，突出集成创新在循环经济科技创新成果转化中的核心支撑地位，引领循环经济技术革命的全球进程，带动循环经济的规模化发展。

3. 循环经济技术水平有待提升

技术水平是支撑循环经济实践的核心驱动力。世界各国和地区正在积极制定相关科技战略与计划，以进行创新型技术的提前布局。例如，我国在《“十四五”循环经济发展规划》中提出，推进动力电池规范化梯次使用，提高余能检测、残值评估、重组利用、安全管理等技术水平。加强废旧动力电池再生利用与梯次利用成套化先进技术装备推广应用。欧盟在《光伏战略研究与创新议程》（征求意见稿）中提出，废旧光伏组件的回收技术工艺水平要达到硅 90%、铟 30%、银 70%[31]。

基于固体废物属性及其资源环境双重影响方面的认识，全球已经建立了较为系统的学科研究体系，在替代技术、减量技术、再利用技术和资源化技术等开发应用领域取得了一定成就，然而在跨学科交叉领域结合、全链条科技创新成果转化环节仍然存在短板。例如，随着碳中和成为国际共识，传统和新兴固体废物的资源循环利用模式将从资源循环与污染控制结合向资源–环境–低碳多维目标导向转变，同时污染治理模式将从单相态污染治理向多相态污染转化协同防控转变，特别是高能耗、高碳排放的固体废物热解、焚烧等方向需要密切结合固体废物代谢分析、资源效率评估、工业废物碳化等基础理论研究当前亟待拓展的关键技术方向；工业尾矿、赤泥、磷石膏、冶炼渣、气化渣、工业废盐等工业固体废物、危险废物目前仍以低端资源化利用与安全处置等为主，已成为行业绿色转型发展的难点、痛点；固体废物循环利用与生态设计、数字技术等实现了一定程度的交叉融合，但城市固体废物、新兴固体废物的智能高效回收处理技术、装备和配套管理技术仍滞后于行业需求，主要仍以拆解、破碎等技术为主，资源利用和二次污染控制效率不足。

4. 循环经济立法及配套政策不完善

随着循环经济理论的不断完善，循环经济立法及配套政策体系逐渐完善、目标日趋精准、结构日益健全。然而，循环经济立法及配套政策在总体设计上仍然停留于原则性的指示，缺乏操作性强的清单和方案；由于缺乏专门的组织机构和配套的基础设施对法律制度进行有效衔接与落实，很多法律制度停留在法律条文层面；经济刺激与法律政策没有很好地结合起来，导致法律实效低下；循环经济立法及配套政策重视对废弃物的管理和利用，忽视了对消费环节资源过度消耗的管控；循环经济立法缺乏对循环经济转型的前瞻性展望。这些问题在一定程度上阻碍了循环经济战略的有序开展和落实。

如图 10 所示，循环经济立法主要涉及国家、企业和大众这三个主体。例如，技术创新在推动循环经济发展中的作用和定位不准确，会导致激励循环经济技术创新的财政、税收等相关鼓励政策落实不到位，最终使得企业缺乏对技术创新的投入；废弃物立法是决定报废商品和材料去向的关键因素。废弃物分类标准不当会阻碍废弃物的高质量回收和再循环。我国固体废物的分类尚未覆盖国民经济社会发展的各个方面，其中，农业

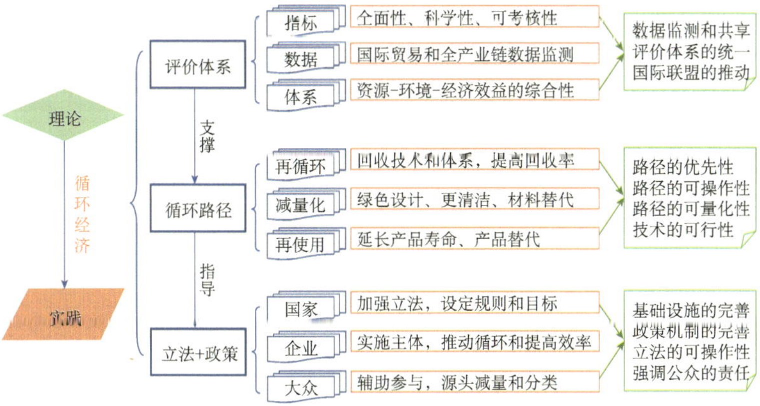

图10　循环经济的未来发展方向

固体废物、矿业废物（尾矿和废石）、部分城市固体废物（如城市污水污泥等）以及社会源固体废物（如废汽车、废电器电子产品、废轮胎等）没有明确的分类。

5. 循环经济国际合作有待加强

为实现 2030 年可持续发展目标和《巴黎协定》气候目标，欧盟、美国、日本等主要发达国家和地区，以及拉美等部分发展中国家，都在积极推动循环经济发展。目前，发展循环经济已成为国际主流共识，其全球性、长期性和广泛性决定了只有通过国际合作才能有效实现循环经济大规模转型。世界各国和地区在发展循环经济过程中积累了大量经验，形成了具有各国特色的循环经济方案和对策，在规划引领、机制建设、分享最佳实践和商业模式方面已经开展了广泛的合作。例如，挪威政府与中国、印度、泰国、缅甸、越南五国在 2019 年合作开展“海洋塑料垃圾中的循环经济机遇”（OPTOCE）项目，从河流、沙滩等塑料垃圾污染“热点”地区拦截回收废塑料，并在当地高能耗产业中进行能源化利用。中国和新加坡政府合作的旗舰项目——中新天津生态城获批“无废城市”建设试点，借鉴新加坡的城市运营、管理经验，确立了 2020 ～ 2030 年各阶段的目标及实施方案。

然而，在理论共享、产业合作、技术引进、标准互认等方面尚缺乏足够的国际合作。例如，《绿色债券支持项目目录（2021 年版）》实现了国内绿色债券市场在支持项目和领域上的统一，有利于推动我国绿色债券标准统一并逐步与国际接轨。但由于各国国情及政策重点的不同，中外绿色分类标准仍存在不少差异。例如，国外认证的土地与海洋资源利用目前还不在我国的绿色债券支持名录中，不利于吸引海外投资者的参与，无法精准地为污染防治、清洁减排等重点领域的发展提供动能。

三、循环经济的未来发展方向和需要解决的关键科学问题

（一）如何构建可对比、可落实、可考核的循环经济评价体系？

科学评价循环经济实施现状是指导政府制定契合实际的循环经济发展目标和规划的重要理论基础。随着循环经济理念的不断完善，循环经济评价指标体系也变得越来越定量化、系统化和综合化。完善的循环经济指标体系可大大提升政府决策者对循环经济战略实施成果的分析、评价和预测能力。可对比、可落实、可考核的循环经济评价体系是全球各国和地区推进循环经济转型的标准，也是政府对循环经济实行量化和精细化管理、对企业进行监管的依据。

循环经济的发展涉及多学科、多领域和多系统，因此，循环经济评价指标应具有综合性和包容性。在遵循 3R 的基本原则下，评价指标的设定还应注重整体性与层次性、科学性与实用性、规范性与可比性、数据可获性与可操作性。通过建立具有时间序列的动态模型和流量-存量-社会经济指标联动关系，社会经济代谢研究提供了评估物质/资源效率、预测资源需求变化趋势和资源开发潜力的新方法。例如，基于美国地质调查局和耶鲁大学的大量前期研究，Graedel 等[29]通过融合多个物质

流量界定了金属的终端回收率、终端循环率、旧废料比例、再生资源投入比例等指标，建立了一套资源循环利用率的指标体系，并首次对全球 60 多种金属的终端循环率进行了评估。

（二）如何制定基于全生命周期的可量化、可操作、差异化的循环路径及其技术清单？

对于不同的产品或行业来说，循环经济实施路径的资源—环境—经济效益、可行性和可操作性不尽相同。因此，在推动循环经济转型时亟须厘清不同产品或行业循环经济实施路径的优先级，同时构建相应的实施方案和关键技术清单。

由于生产和回收技术的限制，某些材料可以进行多次循环利用，实现使用效率的最大化；但有些材料只能单向线性流动，在一个使用周期后，就会失去 90% 甚至更多的价值，这时循环利用不再是首选的循环经济路径，使用端和生产端的循环路径则须优先考虑 [7]。例如，建筑垃圾无法再回收生产为水泥，因此水泥行业的循环经济路径主要集中于生产端和使用端，即以提高水泥的利用效率和延长建筑的使用寿命等路径为主 [17,32]。金属的易回收性决定了废旧金属的循环路径以再循环为主。因此，不断提高金属的回收率和再生产品的纯度是金属循环的关键所在 [33,34]。

（三）如何实现固体废物循环利用与污染控制的深度治理、精细化管控？

固体废物是多种复杂毒害物质和有价资源的混合物与载

体，在造成长周期、跨介质、复合性污染的同时，也是多种战略资源特别是金属资源的重要来源。美国、日本以及欧洲等发达国家和地区已全面实现工业化，处于以高端制造业为主、固体废物整体排放削减的阶段，其固体废物污染防治以分类精准管控和重要战略资源循环利用为核心，固体废物处置和资源化利用基本转向消费端资源循环。我国仍处于工业化转型阶段，全产业链体系产生的固体废物不仅数量大，而且种类多、污染重。因此，如何从深度治理和精细化管控角度出发，推进固体废物循环利用与污染控制，受到了国内外的广泛关注。

具体而言，关键科学问题可以归纳为固体废物代谢全生命周期资源环境属性和低碳转化机制原理，如有机固体废物处置过程痕量污染物脱除等；重要固体废物质能循环和解离、再造过程代谢关键元素赋存与流向调控规律，如废旧动力电池等新兴产业废弃物的智能精准拆解理论、高值材料循环转化原理和异构兼容自动化拆解关键技术；复杂固体废物区域循环过程污染时空变化规律和毒害组分溯源，如包括源头分类减量、处理设施协同共用、能量梯级利用在内的多源固体废物协同处置工程技术体系和管理运营模式。

（四）如何构建全面系统的政策机制，推动循环经济的持续和深入发展？

推进全社会资源消费从线性发展模式走向循环发展模式，是一场从理念、技术、管理到消费的系统性变革。在识别了循环经济实施方案的基础上，构建全面系统的循环经济政策机制是推进循环经济建设的重要保障。

循环经济转型必须坚持目标导向和问题导向相结合，坚持系统观念，加强全局性谋划、战略性部署和整体性推进。完善的循环经济政策机制有助于强化国家循环经济发展总体布局，统筹协调各地方的循环经济资源，激励循环经济技术创新，增强国家、地方、企业-社会联动效果，并帮助完善循环经济基础设施建设。

（五）如何完善循环经济国际合作机制以共同应对气候变化？

应对气候变化、保护生态环境、实现可持续发展是全人类的共同心愿，也是世界各国的共同责任。发展循环经济是解决上述问题的必然选择。在循环经济政策与制度框架制定、主要价值链中绿色商业发展、全球循环经济转型融资支持等方面，如何统筹建立协调的国家间、区域间合作机制，平衡不同阵营的利益诉求，维持长期稳定的友好伙伴关系，谋求全球对生态系统、经济系统和社会系统协调发展的共识是亟待解决的关键科学问题。

例如，2021年欧盟碳边境调节机制执行框架已确定，拟对特定的碳密集型产品及具有碳泄漏风险的产品征收碳关税，目前的覆盖范围包括水泥、电力、化肥、钢铁和铝5个行业，包括原材料和部分成品、半成品。该机制旨在平衡非欧盟国家进口企业与欧盟国家生产相同产品企业的成本差异，一定程度上将削弱高碳密集型产业出口产品的国际竞争力，也将倒逼能源产业结构转型升级，加快低碳技术研发进度，引导企业提高产品绿色化水平。然而，在实施过程中，部分发展中国家既没有能力，也缺乏资金和技术建立与欧盟碳排放交易系统水平相当的核算体系，无法保障与欧盟碳核查要求相符的透明度和可靠性，这将成为后续各方谈判的核心挑战之一。

四、推动可实施的循环经济措施建议

（一）完善循环经济的评价体系

完善数据核算基础，构建一套国际通用、科学合理、操作性强、系统全面的循环经济评价指标体系。

例如，针对资源消耗数据尚未纳入日常统计、区域层面资源产出率核算难、资源产出率提升路径不清等问题，具备条件的地区可以物质流分析为基础，构建统测结合、可操作的资源产出率测算方式，建立主要资源的物质流账户，摸清资源生产和消耗底数，鼓励具备条件的地区建立完善资源消耗数据的直报系统，支持社会科研机构和第三方系统分析评价资源产出率指标，分析不同情景下的变化趋势，研究资源产出效率的提升路径和具体措施。

（二）构建循环路径的实施方案

量化关键产业和行业的 10R 循环路径，辨识不同产品或材料的循环路径并构建实施方案和关键技术清单，完善废弃物全过程、精细化循环方案，促进可回收且资源效益、环境效益、经济效益高的物质100%循环，促进无法回收或资源效益、环境效益、经济效益低的物质不断提高资源利用效率。

例如，对于容易回收的废弃物（如废旧金属等），应大力推动废弃物的闭路循环，攻克回收工艺关键技术，提升再生产品的质量和清洁化水平；对于无法回收的废弃物（如复合材料等），应通过生态设计、清洁生产和绿色供应链管理等方式减少原材料投入，不断提升资源综合利用效率；对于回收再生产过程中对环境影响较大的废弃物（如稀土元素等），应通过产品设计增强产品的耐用性和可拆卸性。

（三）推动政用产学研融合的技术创新体系

以国家需求、重大战略为导向，促进政用产学研深度融合，形成高效的组织动员体系和协调的科技资源配置模式，通过政府统筹引导完善科研体系，推进多元化的科研投入结构，克服企业、大学、科研院所等异质性组织间的合作导向障碍，进一步提升科技创新能力，为循环经济高质量发展提供强大的动力支撑。

例如，加大科技前沿自由探索支持力度，瞄准和抢占原始创新研究制高点，针对“无废城市”固体废物循环、新兴产业固体废物高质循环和“一带一路”跨国固体废物污染治理等重要领域设立探索前沿，破解关键科学难题的专门方向和项目类型，引导科研人员对基础和难点问题长期攻关；加强对固体废物与信息、能源、材料、生物等多学科联合创新研究的支持，通过交叉融合、协同攻关实现固体废物领域智慧感知与精准分离、智能化成套装备和控制系统、耐高温耐腐蚀高性能材料和装备零部件等“卡脖子”问题的突破；鼓励科研机构基础研究联合大型企业推动技术转化与应用，针对磷石膏、赤泥、冶炼废渣等区域性、行业性难处置固体废物综合解决等问题，引导冶金、化工、能源行业技术实践支撑固体废物领域原创性理论研究经验融合，推动部分原创性理论加速实现技术创新—工程示范—综合解决贯通式攻关；加强信息技术与固体废物分类资源化利用的深度融合，依托“互联网 +”、物联网（Internet of Things，IoT）、区块链智能合约和第五代移动通信技术（5G）等手段，推进固体废物分类资源化市场配置的智慧管理，提升固体废物分类资源化过程中的环境风险防控水平。

（四）加强立法及配套政策的可操作性

加强整体立法，优化总体设计，把先进的循环经济理念纳入各个国家和各个领域的基本法律文件；强化部门合作，完善配套政策（包括行政法规、地方性法规、行政规章、政策性文件等），强化基础设施，确保循环经济的有效落实；切实贯彻循环经济闭环循环理念，从生产、流通、消费、废弃、处置等各个环节加强立法，确保法律机制各个环节的密切衔接；明确政府、企业和公众参与循环经济的责任，确保循环方案在不同层级的有效实施。

例如，整合和完善固体废物资源化法制体系，明确固体废物资源化管理法律定位及部门分工，形成有利于资源化产业发展的外部政策环境，强化和细化废物产生者减量化、资源化、无害化法律责任和义务，将固体废物污染控制、资源化利用要求前置于产生源及全过程；优化财税激励机制，培育资源化产品发展的内生动力，强化资源税、环境税等对固体废物源头减量和可利用固体废物焚烧、填埋处置的约束作用，扩大固体废物综合利用产品税收优惠、绿色采购、产品限制淘汰、政府补贴等覆盖范围，建立灵活的资源化利用和无害化处置的价格调节机制，助力形成“谁利用、谁受益”“谁回收、谁受益”的市场环境；建立健全资源化利用过程中的污染控制标准体系、综合利用产品质量控制标准体系、重点行业产品生态设计标准和绿色供应链建设标准体系，引领和促进资源化产业健康发展。

（五）建设更紧密的循环经济发展伙伴关系

面对百年未有之大变局，世界各国均有携手应对气候变化挑战及促进人与自然和谐共生的重要共识，以及以绿色可持续方式帮助经济走出困境的共同目标，进一步完善多主体、多层次、多形式的合作机制框架，深化循环经济领域的合作关系覆盖范围，加强针对绿色投融资、“无废城市”建设、海洋垃圾和微塑料、污染防治、环境大数据、新型城镇化建设、土壤污染防治、碳市场等的对话与交流。

例如，针对消费品国际贸易和固体废物越境转移，开展关键资源国际大循环利用评估方面的科技合作计划，推动形成东亚地区、太平洋地区城市矿产资源开发伙伴关系和国际合作网络；深化标准制定国际合作，开展对主要贸易国技术法规和贸易政策的研究，系统收集有关强制性法规、产品计量、标准规范等资料，并进行跟踪研究和对比研究，建立信息采集、加工和传递渠道，积极开展标准互认工作，推动贸易和投资便利化；组建国际循环经济联盟，致力于建立公开透明的全球物质循环数据库，构建科学合理的循环经济理论体系和产业技术体系，提供全球治理建议，并设立常态化的循环经济交流机制，推进各国不断深化合作，突破发展瓶颈，促进循环经济快速高质量发展。

参考文献

[1] Haas W, Krausmann F, Wiedenhofer D, et al. How circular is the global economy?: an assessment of material flows, waste production, and recycling in the European Union and the world in 2005[J]. Journal of Industrial Ecology, 2015, 19(5): 765-777.

[2] Wang H M, Schandl H, Wang X Z, et al. Measuring progress of China's circular economy[J]. Resources, Conservation and Recycling, 2020, 163: 105070.

[3] UNEP International Resource Panel. Global Resources Outlook 2019: Natural Resources for the Future We Want[R]. 2019.

[4] MacArthur E. Towards the circular economy[J]. Journal of Industrial Ecology, 2013, 2(1): 23-44.

[5] 诸大建. 最近10年国外循环经济进展及对中国深化发展的启示[J]. 中国人口·资源与环境, 2017, 27(8): 12-19.

[6] Morseletto P. Targets for a circular economy[J]. Resources, Conservation and Recycling, 2020, 153: 104553.

[7] Allwood J M. Unrealistic techno-optimism is holding back progress on resource efficiency[J]. Nature Materials, 2018, 17(12): 1050-1051.

[8] Haupt M, Vadenbo C, Zeltner C, et al. Influence of input-scrap quality on the environmental impact of secondary steel production[J]. Journal of Industrial Ecology, 2017, 21(2): 391-401.

[9] Astrup T F, Tonini D, Turconi R, et al. Life cycle assessment of thermal Waste-to-Energy technologies: review and recommendations[J]. Waste Management, 2015, 37: 104-115.

[10] Clark J H, Farmer T J, Herrero-Davila L, et al. Circular economy design considerations for research and process development in the chemical sciences[J]. Green Chemistry, 2016, 18(14): 3914-3934.

[11] Martin C, Casper G. Remanufacturing and product design[J]. International Journal of Product Development, 2008, 6(3): 375-392.

[12] Allwood J M. Squaring the circular economy: the role of recycling within a hierarchy of material management strategies [M]//Worrell E, Reuter M A. Handbook of Recycling. New York: Elsevier, 2014: 445-477.

[13] Allwood J M, Cullen J M. Sustainable Materials: With Both Eyes

Open[M]. Cambridge: UIT Cambridge Ltd, 2012: 255-264.

[14] 艾伦·麦克阿瑟基金会 . 新塑料经济——重新思考塑料的未来 & 催化行动 [R]. 2017.

[15] Wen Z G, Zhang C K, Ji X L, et al. Urban mining's potential to relieve China's coming resource crisis[J]. Journal of Industrial Ecology, 2015, 19(6): 1091-1102.

[16] 诸大建 . 从可持续发展到循环型经济 [J]. 世界环境 , 2000(3): 6-12.

[17] Cao X, Wen Z G, Zhao X L, et al. Quantitative assessment of energy conservation and emission reduction effects of nationwide industrial symbiosis in China[J]. Science of the Total Environment, 2020, 717: 137114.

[18] 艾伦·麦克阿瑟基金会 . 循环经济——中国城市与工业的创新机遇 [R]. 2018.

[19] 艾伦·麦克阿瑟基金会 . 通用的循环经济政策目标 [R]. 2021.

[20] 艾伦·麦克阿瑟基金会 . 循环经济：应对气候变化的另一半蓝图 [R]. 2019.

[21] Christian Doh Dinga, Wen Z G. Many-objective optimization of energy conservation and emission reduction in China's cement industry[J]. Applied Energy, 2021, 304: 117714.

[22] 世界经济论坛 . 中国迈向自然受益型经济的机遇 [R]. 2021.

[23] 艾伦·麦克阿瑟基金会 . 内部增长：欧洲竞争环境下的循环经济愿景 [R]. 2015.

[24] Graedel T E, Harper E M, Nassar N T, et al. On the materials basis of modern society[J]. Proceedings of the National Academy of Sciences of the United States of America, 2015, 112(20): 6295-6300.

[25] Zimmerman J B, Anastas P T, Erythropel H C, et al.Designing for a green chemistry future[J]. Science, 2020, 367(6476): 397-400.

[26] U.S. Geological Survey. Commodity statistics and information[EB/OL][2020-06-30]. https://www.usgs.gov/centers/national-minerals-information-center/commodity-statistics-and-information.

[27] Zhang C B, Hu M M, Dong L, et al. Co-benefits of urban concrete recycling on the mitigation of greenhouse gas emissions and land use change: a case in Chongqing metropolis, China[J]. Journal of Cleaner Production, 2018, 201: 481-498.

[28] European Commission. Circular economy indicators[EB/OL][2022-01-01]. https://ec.europa.eu/eurostat/web/circular-economy/indicators/monitoring-framework.

[29] Graedel T E, Allwood J, Birat J P, et al. What do we know about metal recycling rates[J]. Journal of Industrial Ecology, 2011, 15(3): 355-366.

[30] Ministry of the Environment, Government of Japan. Japan’s 4th Fundamental Plan for Establishing a Sound Material-Cycle Society [EB/OL] [2022-06-01]. https://www.env.go.jp/recycle/circul/keikaku.html.

[31] 国家高端智库 . 科技前沿快报 [EB/OL][2022-07-09]. http://www.

casisd.cn/zkcg/ydkb/kjqykb/2021kjqykb/kjqykb_202107/202109/P020210915504628290110.pdf.

[32] Huang B J, Gao X F, Xu X Z, et al. A life cycle thinking framework to mitigate the environmental impact of building materials[J]. One Earth, 2020, 3(5): 564-573.

[33] Ryan N A, Miller S A, Skerlos S J, et al. Reducing CO_2 emissions from U.S. steel consumption by 70% by 2050[J]. Environmental Science & Technology, 2020, 54(22): 14598-14608.

[34] Milford R L, Pauliuk S, Allwood J M, et al. The roles of energy and material efficiency in meeting steel industry CO_2 targets[J]. Environmental Science & Technology, 2013, 47(7): 3455-3462.

作者简介

温宗国，清华大学环境学院教授，主要研究方向为固废资源化与循环经济。

陈伟强，中国科学院城市环境研究所研究员，主要研究方向为物质代谢与循环经济。

宋璐璐，中国科学院城市环境研究所副研究员，主要研究方向为城市矿产开采潜力及其碳中和效应评估。

唐岩岩，清华大学环境学院博士后，主要研究方向为新兴固废循环利用政策管理。

气候变化与生物多样性丧失之间的复杂关系和反馈机制是什么？

人类活动与气候变化共同作用塑造了生物多样性格局，而生物多样性格局也反过来影响人类活动和气候。人类活动、气候变化与生物多样性格局间的相互作用机制和规律有哪些？这些机制和规律对维持生态安全、气候良好和人类可持续性发展有哪些重要作用？

气候变化与生物多样性丧失之间的复杂关系和反馈机制

■ 徐卫华　江　南　臧振华　黄　萍　赵　磊

气候变化和生物多样性丧失是全球面临的两大生态问题，两者相互作用可能加速生态系统跨越崩溃的临界点，带来无法挽回的后果。理解气候变化与生物多样性丧失之间的复杂关系和反馈机制对于应对全球气候危机、保护生物多样性至关重要。

本文主要介绍气候变化和生物多样性丧失的现状，及其对经济、社会等方面产生的负面影响；阐述气候变化与生物多样性丧失之间的复杂关系，气候变化通过改变物种分布、物候和种间关系等影响生物多样性，从物种到生态系统水平都表现出极大的复杂性；介绍生物多样性及其保护行动对气候变化的反馈机制，生物通过改变大气化学成分、地表反照率，影响土壤性质、水循环过程等影响气候系统；探讨应对气候变化与生物多样性丧失的综合解决方案，讨论目前仍然存在的知识空缺和关键问题，介绍基于自然的解决方案、“双碳”目标、就地保护和迁地保护、生物多样性监测等对减缓生物多样性丧失的意义。

一、引言

工业革命以来，技术进步极大地提高了人类的整体生活水平，促进了世界范围内人口的增长，但资源与能源消耗也同步增加。化石燃料燃烧产生的大量温室气体改变了大气组成，进而影响全球气温、降水以及极端天气气候事件发生的强度和频率。同时，人类对陆地和海洋生态系统的改造、生物资源的开发利用、污染和物种入侵等导致生物多样性迅速下降。

气候变化和生物多样性丧失成为全球共同面临的两大生态问题，两者具有内在联系（图 1）。一方面，气候变化正在威胁许多物种的生存，导致部分物种的区域灭绝甚至全球灭绝，在最高的温室气体排放情景下，全球生物多样性分布格局将重构[1,2]。气候变化也增加了极端天气气候事件的发生频率和强度，影响珊瑚礁和热带雨林等生态系统的稳定性。另一方面，生物多样性的丧失正在加剧气候危机，动植物的野外种群数量减少或局部灭绝，以及热带雨林、泥炭地、珊瑚礁和海草床等生态系统迅速退化，对地球的储碳能力产生重大影响，削弱了生态系统的气候调节功能，降低了人类适应与应对气候变化的能力。

生物多样性丧失和气候变化关系密切，要想解决其中任何

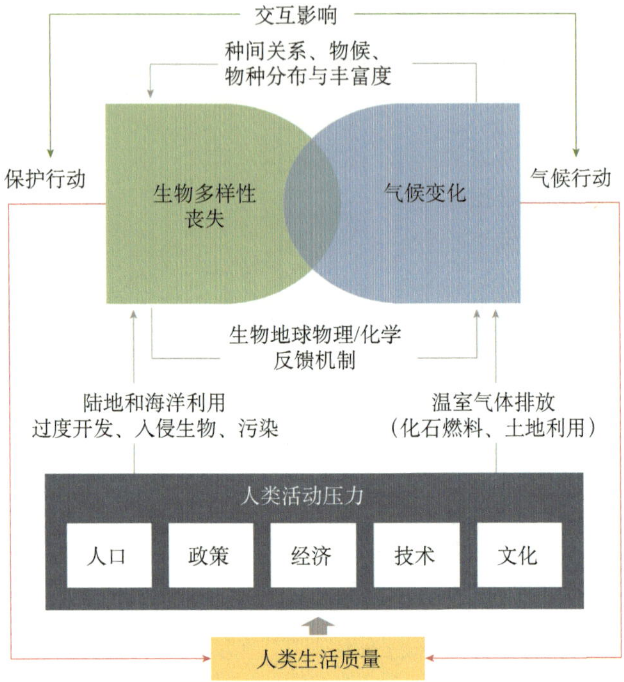

图1　气候变化与生物多样性丧失之间的联系，以及它们对人类生活质量的影响（修改自文献[3] 插图）

一个问题，都不能忽视与另一个问题的联系。政府间气候变化专门委员会（IPCC）与生物多样性和生态系统服务政府间科学政策平台（IPBES）等国际组织正在积极制定协同应对气候变化与生物多样性丧失的政策与方案，以促进人们对两者复杂关系和反馈机制的深入认识与理解[3]。本文将围绕这一主题，基于已有的事实和证据，展示这一主题下的新观点、新发现，讨论应对气候变化和生物多样性丧失的综合解决方案。

二、全球两大生态危机——气候变化与生物多样性丧失

（一）气候变化

气候变化是指由人类活动直接或间接地改变全球大气组成所导致的在气候平均状态上的巨大改变或者持续较长时间的气候变动。政府间气候变化专门委员会第六次报告提供了关于温室气体含量增加、地表温度上升、冰川融化、海平面上升和极端天气气候事件增多的有力证据，表明气候变化正在加剧[4]。

（1）温室气体含量升高。自 2011 年以来，大气层中的温室

气体含量持续上升，截至 2019 年，二氧化碳含量达 410 ppm（1ppm=10^{-6}，下同），为近 200 万年来最高，甲烷和一氧化二氮含量分别达 1866 ppm 和 332 ppm，为近 80 万年来最高[4]。

（2）地表温度上升。1850 ～ 1900 年至 2010 ～ 2019 年，人类活动可能造成全球地表温度升高了 0.8 ～ 1.3℃。2011 ～ 2020 年，全球地表温度比 1850 ～ 1900 年高出 1.09℃，陆地增温（1.59℃）高于海洋增温（0.88℃）[4]。

（3）冰川融化。在过去 20 年中，人们观测到格陵兰岛冰盖的面积不断缩小。2011 ～ 2020 年，北极海冰面积达到了自 1850 年以来的最低水平。夏末北极海冰面积比过去 1000 年中的任何时候都小，相比于 20 世纪 80 年代缩小了 40%[4]。

（4）海平面上升。海平面上升速度持续增加，1901 ～1971 年平均海平面上升速度约为 1.3 毫米 / 年，1971 ～ 2006 年增加至 1.9 毫米 / 年，2006 ～ 2018 年进一步增加到 3.7 毫米 / 年。自 1900 年以来，全球海平面上升的平均速度超过了过去 3000 年里的任何一个世纪[4]。

（5）极端天气气候事件增多。自 20 世纪 50 年代以来，陆地极端高温事件发生更加频繁，而极端低温出现频率减少，热浪发生的概率大约翻了一倍；此外，全球范围内复合极端气候事件发生（如热浪与干旱同时出现）的概率也在增加。

气候变化可能对自然灾害、生态安全、生物多样性、粮食安全等多个方面产生深远影响，由于气温上升和降水的时空变化，高强度降水、热浪、森林火灾等极端自然灾害发生的强度和频率增加，可能加剧森林、草地和湿地退化，改变陆地生态系统的组成、结构和功能。气候变化导致的降水减少和地表蒸散的增强影响地表与地下水的分布，加剧土壤侵蚀和养分流失，降低农作物产量，进而影响粮食安全。

（二）生物多样性丧失

生物多样性是生物及其环境形成的生态复合体以及与此相关的各种生态过程的总和，包括生态系统、物种和基因三个层次。生物多样性是人类赖以生存的物质条件，是经济社会可持续发展的基础，但是目前生物多样性正在以惊人的速度消失。

（1）生物物种灭绝。研究显示，人类活动使目前物种的灭绝速度比自然速率提高了 100 ～ 1000 倍 [5]。根据世界自然保护联盟（IUCN）公布的濒危物种红色名录，目前全球共计有近 4 万个物种受到威胁，占全部评估物种数的 28%。其中 40% 以上的两栖物种，近 1/3 的造礁珊瑚、鲨鱼和鲨鱼近缘种以及 1/3 以上的海洋哺乳动物受到威胁 [6]。

（2）种群数量下降。1970 ～ 2016 年，哺乳动物、鸟类、两栖动物、爬行动物和鱼类的种群规模平均减少了 68%，美洲热带局部地区甚至下降了 94%；自 1925 年以来陆生昆虫的数量普遍减少，全球平均每十年减少 8.8%[7]。

（3）遗传多样性下降。截至 2016 年，用于粮食和农业的驯养哺乳动物中，9% 以上已经灭绝，至少还有 1000 种受到威胁。鸟类的野生近缘种的保护状况日益恶化，栽培作物、作物的野生近缘种以及驯化品种的多样性明显下降 [6]。

（4）生态系统退化或消失。目前世界上一半的自然生境被转变为农业用地，用于耕种或放牧，除南极洲以外全球只有不到 25% 的陆地和 13% 的海洋尚未受到重大的人类影响；自 1700 年以来，85% 以上的湿地已经消失，过去 150 年珊瑚礁上的活珊瑚覆盖面积约减少一半 [6]。

生物多样性丧失不仅是一个生态问题，而且是一个发展、经济、伦理和道德问题。人类完全依赖于生物多样性提供的食物、纤维、水、能源、药物和其他遗传材料等物质供给，以及生态系统提供的水源涵养、土壤保持、气候调节、防洪减灾等调节服务。生物多样性的持续丧失将阻碍大多数联合国可持续发展目标的实现，包括减贫，粮食、水和能源安全等，可能损害依赖生物多样性的贫困人群的利益，激化发展中国家的社会矛盾，剥夺其他生命和人类共享一个地球的权利等。

三、气候变化与生物多样性丧失之间的复杂关系

（一）气候变化影响生物多样性的方式和途径

气候变化尤其是升温和降水格局的变化，对生物的性状、种间关系、物候、分布格局与物种丰富度都会产生深刻影响，并增加外来物种入侵、本地物种灭绝的风险，进而影响生态系统的物种组成、功能和稳定性。

1. 生物物候

物候主要指动植物长期适应温度条件的周期性变化，形成与此相适应的生长发育节律。我国古人很早就开始总结物候规

律，比如农历中的二十四节气，"鸿雁来、寒蝉鸣、蚯蚓出"，"桃始华、萍始生、禾乃登"等都是对物候现象的记录与描述。然而随着近些年气候变化加剧，这些长期形成的物候规律正在发生改变。

植物的生理活动本质上是一系列的生化反应，温度会使酶的活性发生变化，因此植物物候与气温息息相关。近年来随着气温升高，植物春季物候期提前、秋季物候期推迟成为全球趋势[8]。全球温度每升高 3.5℃，春季花期就会提前 2 周，但在不同区域植物对于气候变化的响应有所差异。1970 ～ 2000 年，美国华盛顿地区的开花时间提前了 2.4 天，1952 ～ 2000 年地中海地区、1852 ～ 1994 年匈牙利地区的植物花期提前了 1 周左右，我国 1963 ～ 2013 年植物的始花期和终花期普遍提前了 2.2 天与 1.4 天。在海洋和淡水生态系统中也观察到了类似现象，表层海水升温导致秋季水华平均提前 5 天发生[9]。

动物也会对气候变化做出响应，如改变迁徙、繁殖、冬眠时间。观测发现，候鸟正在改变其迁徙策略以适应气候变化，如春季提前到达目的地以获得竞争优势，温带迁徙鸟类的繁殖和觅食范围转向更高纬度，热带迁徙鸟类的繁殖范围扩展到海拔更高的地区。除鸟类外，其他动物物候现象也发生改变，如蝴蝶的出现和蛙类的鸣叫时间提前等。

2. 物种分布

温度和降水是决定物种地理分布的关键因素。气候变化迫使海洋和陆地生物改变分布范围，以追踪和适应气候变化。全球范围内的统计研究表明，气候变暖正使得物种气候适宜区远离赤道向两极方向扩展，平均而言，陆地生物每十年移动 17 千米，海洋生物每十年移动 72 千米[2]，温度每增加 1℃，物种在山地的垂直高度上升 150 米[10]。

如果物种追踪适宜气候条件和地理环境的速度慢于气候变化的速度，将导致其分布范围缩小乃至局部灭绝。在过去的 50 年里，全球物种的适宜生境范围大幅缩减，生物多样性严重下降，20% ～ 30% 的物种面临灭绝风险[7]。预计到 2050 年，70% ～ 90% 的热带珊瑚礁会严重退化或区域灭绝；到 2080 年，超过半数的植物和 1/3 的动物可能会失去目前适宜栖息地的一半[11,12]。

然而，气候变化并非总会导致物种的栖息地减少，有些物种可能得益于气候变暖，分布范围进一步扩大。例如浮游植物的暖水种、草食性热带鱼，预测有可能在全球或局域呈扩散的趋势[13,14]；如果气温升高 2℃，我国的红树林分布区可能会大幅北移[15]。

3. 植物功能性状

植物功能性状是物种在长期演化过程中适应不同环境的结果，能够客观表达植物对外部环境的适应性，如叶片大小、叶片厚度、光合速率、植株高度、种子大小等。植物功能性状对于气候变化的响应十分显著，并且针对不同气候要素做出的响应具有差异性。

植物功能性状对全球变暖的响应主要有三种机制[16]。一是通过改变外在形态来适应环境，如温度升高会导致叶片厚度减小、叶片小型化和叶片寿命缩短；二氧化碳浓度升高时，植物叶片厚度呈增加趋势，促进植物的根长、根重和根表面积增加。二是通过遗传变异来适应气候因子。这两种响应机制允许植物留在原有地理位置，但即使是对气候适应性较强的物种，也可能无法跟上气候变化的步伐，因此需要通过第三种响应机制，即改变分布范围来更好地适应气候变化，在新的环境中即使保留原有的性状组合也得以度过完整的生命周期。

4. 种间关系

种间关系是指不同物种、种群之间通过间接或直接的影响所形成的关系，包括共生、寄生、竞争、授粉、捕食等。由于不同物种对气候的响应及适应程度存在差异，所以气候变化可能干扰长期演化形成的相对稳定的种间关系。例如，物种为适应气候变化迁移到原有分布范围之外的区域，变为入侵者（气候入侵者），与当地物种形成竞争关系。开花植物与其传粉者对气候变化的响应程度存在差异，植物繁殖期和传粉昆虫活动不同步，传粉的重叠时间缩短，从而导致植物-传粉昆虫互惠关系的减弱甚至瓦解。草本植物和木本植物对气候的适应能力不同导致植被组成发生变化，降低生态系统对气候变化的适应能力，可能会增加物种灭绝的风险。

（二）气候变化引起生物多样性丧失的复杂性

物种多样性是生物多样性的核心，物种灭绝的原因十分复杂，任何导致种群下降和栖息地丧失的因素都可能带来物种的区域或全球灭绝。气候变化引起生物多样性丧失的程度受到暴露度、脆弱性、人类干预活动等影响。

暴露度是生物遭受气候变化胁迫的程度，由气候变化引起的外在因素决定，如温度、降雨量、极端天气等。虽然地球正经历着以变暖为主要特征的变化，但不同地区、不同年份气候变化的趋势存在差异。至 20 世纪末，尽管全球地表与海洋温度普遍呈现升高的趋势，但在某些年份却有变冷现象；与内陆相比，沿海地区的暴雨内涝、干旱、高温热浪、强台风、洪水、风暴潮等极端天气气候事件发生更为频繁。值得警惕的是，极端温度、极端降水等事件表现出非均匀变化特征，“小概率高影响”事件将更容易出现，这种非均匀变化将导致未来天气气候极端事件变得更加反复无常，增加气候变化对生物胁迫在时间和空间上的不确定性。

脆弱性取决于生物对气候变化的敏感度和适应能力，主要受物种自身因素影响，包括生境专一、种间关系、迁移能力、生理耐受幅度、基因多样性等。在气候变化背景下，不同物种的敏感度和适应能力并不相同。比如生境高度专一的物种，如果其所依赖的生境受到气候变化较大的影响，物种可能会面临较大的灭绝风险。野生动物对环境因子的生理耐受范围限制了其分布，通常情况下，热带物种被认为比生活在温带和寒带的物种对气候变化更加敏感，栖息在海洋中的变温动物将向极地扩张分布，而一些分布在岛屿上的昆虫被限制在海拔较低的区域，难以扩散。某些物种对气候变化具有较强的适应性，可能会威胁到另外一些适应能力不强或未能及时扩散到新地点的物种。

气候变化与其他人为活动相互作用，通常会导致自然生态系统的压力增加，而人类为应对气候变化实施的一系列气候减缓或适应性措施导致情况更加复杂。例如，气候变化和污染物之间的相互作用可能会破坏物种的内稳态与生理反应，降低物种对气候变化的敏感程度；人类工程建设或自然存在的障碍阻隔了物种的迁移，增加了物种的脆弱性；海洋变暖和海水酸化共同作用，降低了热带珊瑚的适应能力，加速了热带珊瑚礁生态系统的退化；毁林开荒和气候干旱之间的协同作用，提高了火灾发生概率，导致森林被草原或次生林所取代。为减缓气候变化采取的措施也容易受到气候变化本身的影响，进入海洋和陆地生态系统的净碳通量可能在更热、更干燥的气候中逆转，放大气候变化的不利影响。这些复杂的相互作用增加了人类应对气候和生物多样性危机的难度。

四、生物多样性及其保护行动对气候变化的反馈

（一）气候反馈机制

地表气候取决于大气、海洋和陆地之间一系列复杂的相互作用，这些作用涉及物理、化学和生物过程。人类活动引起的气候变化改变了地球不同圈层之间的相互作用和过程，这种变化又反过来放大或减轻气候变化的影响。根据反馈的影响，可分为正反馈和负反馈。在正反馈中，初始变化触发了一个反馈来放大变化的影响，使其远离气候所处的平衡状态；负反馈则减少了环境的某些初始变化的影响，使其回到更稳定的状态。一旦打破气候平衡，各种反馈就开始发挥作用，引发的后果往往难以预料。

理解和预测气候变化是一项巨大挑战。首先，地球圈层通过各种反馈机制联系在一起，如热带大气和海洋间存在对流-蒸发-风反馈作用，大气圈与冰雪层间存在冰雪-反照率反馈作用，生物圈与大气圈间存在地球生物-物理反馈作用等[17]。其次，各个子系统内部也存在复杂的反馈机制，如大气中的水汽反馈作用、温度-辐射反馈作用与云反馈作用等[17]。此外，生物多样性与气候变化之间也存在复杂的反馈机制，比如生物地球物理/化学反馈——生物的空间分布和生物物理性质变化，通过改变大气化学成分、地表反照率，影响土壤性质、水蒸气等，对气候系统进行调节。这些机制尚待进一步研究。

（二）气候变化与生物多样性丧失的反馈循环

如今的地球环境是数百万年气候和生物圈共同作用的产物。在过去几十年里，气候变化对生物多样性的影响深远且复杂，生物多样性变化也影响着气候系统本身。

（1）区域生物群落的重组。气候变化正在驱动全球部分动植物物种在空间上重新分布，地表生物群落的分布变化通过改变热通量和地表反照率对气候系统进行反馈。由于气温升高，积雪提前融化和针叶树向北扩展，地球表面对太阳辐射的反射率降低，导致净辐射增加和大气层加热。据预测，到2050年，北极的大部分植被将从苔原演替为针叶林，这将进一步降低地表反照率，加剧全球变暖[18]。然而，高纬度地区灌木层覆盖的增加可能降低局部地区的土壤温度，延缓多年冻土中二氧化碳的释放，从而减缓变暖[19]。

（2）生态系统固碳。陆地生态系统通过释放或吸收二氧化碳、甲烷等温室气体，调节大气和地表之间的能量与水的交换。在泥炭地中，气候变化会改变泥炭地的物种组成，温度上升有利于维管植物在与泥炭藓植物的竞争中占据优势，从而降低泥炭地的固碳能力[20]。在森林、草地中，物种多样性可能显著影响生产力和分解速率，由于微生物对土壤有机质的分解增强，二氧化碳从土壤释放到大气中的速度加快，同样会加速全球变暖[21]。

（3）生态系统稳定和健康。生物多样性能够提高生态系统对气候变化的适应能力，当物种种类较多时，即使一些物种消失，另一些物种也更有可能替代它们的生态位继续发挥其功能。

然而随着生物多样性持续下降，气候变化可能增加自然生态系统的压力，导致稳定性降低，进而加剧入侵物种的爆发和蔓延，比如北方森林中松毛虫和树皮小蠹向高纬度和高海拔地区扩展引发大量树木枯死[22]，这些过程反过来增加了森林火灾的发生频率，并通过释放二氧化碳对气候变化产生正反馈。

（4）海洋浮游生物作用。海洋生物将碳从海洋表层运输到深海进行储存的这一过程被称作海洋生物泵，它是全球碳循环的重要组成部分。已有模型研究表明，如果海洋生物泵关闭，那么大气中的二氧化碳浓度会大幅增加[23]，这将进一步加剧温室效应。浮游植物是全球海洋最主要的初级生产者，驱动了生物泵的运作。气候变暖通常使得海水分层加强，深层营养盐难以向上输运，从而降低初级生产力，但变暖引起的海冰融化也会使浮游植物大量繁殖[24]，因此生物泵效率是提高还是降低，目前仍然没有明确的结论。可以确定的是，气候变化会改变生物泵强度，这种强度反过来又会影响海水表层温度和深层养分循环，调控浮游植物的生长和分布，进而反馈给气候系统。

尽管气候变化对生物多样性的影响可能会被正反馈放大，但在政策制定中通常较少考虑这种反馈，重要原因是目前缺乏对陆地、海洋和大气物质交换调控机制的深入了解，以及这些交换是如何通过气候–生态系统反馈来响应气候变化的。

（三）生物多样性保护行动对气候变化的影响

2021 年 7 月，联合国《生物多样性公约》秘书处发布了“2020 年后全球生物多样性框架”的第一份正式草案，提供了

21 个以行动为导向的目标，旨在促进 2050 年生物多样性愿景的实现[25]。这里重点介绍其中一些对减缓气候变化有直接或间接作用的保护行动。

（1）植树造林，阻止森林退化。利用乡土树种造林或恢复退化的森林对遏制生物多样性丧失、恢复森林生态系统的固碳能力等发挥着重要作用。据估计，到 2030 年，对 3.69 亿公顷的退化热带森林进行再造林，每年可吸收 55 亿吨二氧化碳当量，同时有助于保护数百种受威胁的林栖大型脊椎动物[26,27]。

（2）扩大陆地保护地面积。全球范围内，自然保护地覆盖了陆地面积的 15.8%[28]，保护地的生物体内储存了陆地生物碳储量的 12%，每年贡献了陆地沉积物中碳封存总量的 20%[29]。为了扭转生物多样性丧失趋势，《生物多样性公约》计划到 2030 年保护全球 30% 的陆地和海洋，新增的保护土地将会持续存储大量碳。同时，保护地作为气候变化的避难所，可以防止碳汇能力较高的物种消失，帮助恢复生态系统的固碳能力。

（3）保护和修复海岸带。红树林、盐沼和海草床等海岸带生态系统不仅有助于维持较高的生物多样性，而且能固定和储存来自大气、海洋和陆地的碳。据估计，海岸带生态系统单位面积土壤的固碳能力比陆地生态系统高出 10 倍[30]，主要原因是周期性的海水淹没抑制了微生物活动，减缓了有机物分解，使得碳固定非常稳定持久。加大对海岸带生态系统的保护和恢复力度，可以每年削减 14 亿吨二氧化碳当量[31]。

（4）阻止多年冻土层退化。北半球高纬度和山地近 2000 万平方千米的永久冻土层，其碳储量约是现代人类活动产生的所有碳排放量的四倍[32]。在冻土湿地恢复行动中，通过保护未受损的泥炭地，禁止排水或挖掘，不仅可为濒危物种提供重要的栖息地，而且可以确保封存在地下的碳不会因人为干扰被释放到大气中。在极地永久冻土地区，增加大型食草动物的种群密度，在一定程度上通过踩踏使积雪更加紧实，减少冻土层中甲烷的排放，也能够提高夏季地面反照率，增加土壤固碳量。

（5）可持续的渔业管理。渔业捕捞是海洋生物多样性丧失的主要原因，同时也影响着深海水域和沉积物中的碳封存。除了依靠浮游生物输送外，海洋鱼类和无脊椎动物的粪球颗粒与尸体下沉也能将碳固存到深海[33]。然而，海洋生物捕捞阻断了这一过程，海底拖网会造成沉积物再悬浮，增强有机质的矿化。加强可持续的渔业活动管理，将通过重建鱼类种群和恢复自然碳沉降过程来提高天然碳泵效率，从而增强海洋生态系统的碳汇能力。

（6）建设生态友好型城市。城市是人口、建筑、工业、物流的集中地，其能源消耗所产生的二氧化碳排放量占全球排放总量的七成[34]。人们逐渐认识到城市具有丰富的生物多样性，许多原本致力于保护城市生物多样性的措施也有利于减少温室气体排放。比如建设绿色基础设施，发展垂直绿化和屋顶花园，在道路两侧、街头绿地、小区和公园种植层次丰富的乡土植物模拟自然生态系统，建设海绵城市等。这些措施的实施具有多重效益，可以为野生动物提供食物来源和栖息场所，也能减少能源消耗，降低城市热岛效应等，为解决生物多样性丧失和气候变化做出贡献。

五、应对气候变化与生物多样性丧失的综合方案：对策与建议

（一）明确知识空缺和关键问题

尽管气候变化和生物多样性丧失紧密交织在一起，但往往被独立对待，目前存在的知识空缺和大量不确定性阻碍了综合解决方案的发展。虽然人们对气候变化与生物多样性丧失的复杂关系有一定的了解，但大多建立在零散的证据或经验之上，缺乏系统框架和量化工具来理解气候变化与生物多样性丧失的深层反馈机制。发展综合解决方案需要思考以下问题：减缓和适应气候变化的措施对生物多样性保护有何影响？如何构建适用于从区域到全球不同尺度的气候变化和生物多样性丧失的应对方案？保护行动或气候行动是否带来双赢，如何评估方案实施中产生的生态和社会风险？未来应在不断追问和解答这些问题的过程中，将已有的科学认识与政策工具相结合，找到实现双赢的解决方案。

（二）开展气候变化与生物多样性的协同监测和评估

鉴于气候变化和生物多样性之间表现出的复杂关系与反馈机制，目前的认知水平难以有效支撑制订应对双重危机的解决方案，构建气候变化和生物多样性的长期监测框架与评估体系是未来的优先事项之一。建议加强气候变化与生物多样性的协同监测和评估工作，围绕气候变化下的物种空间分

布、种群动态、种间关系变化等，开展气候变化对物种灭绝的影响机理研究；监测生物多样性暴露度、敏感性与自然适应过程，研究物种在气候变化下的演化策略和适应能力、对极端气候事件的适应机制、气候变化和其他环境因素的协同作用机制；监测自然生态系统的演替过程和演替方向，研究气候变化背景下生态系统的弹性、稳定性与恢复能力；监测入侵生物的种群数量和分布，研究气候变化下生物入侵的影响，以期为政府制定长期的、有效的危机应对措施和方案提供决策依据。

（三）科学推进实现“双碳”目标

2020年，我国明确提出2030年“碳达峰”与2060年“碳中和”（“双碳”）目标，倡导绿色、环保、低碳的生产生活方式，包括减少化石燃料的使用和工农业活动中的温室气体排放。这些措施有助于保护生物多样性，但其中一些方案可能会对生物多样性产生负面影响，例如大规模种植能够快速捕获和积累碳的单一树种或外来物种、利用碳捕集与封存（carbon capture and storage，CCS）技术扩展生物能源，虽然短期内似乎增强了生态系统的碳汇功能，但可能会削弱原有生态系统对气候变化的适应能力，并减少其他生态系统服务，对生物多样性、水资源和养分循环产生影响，从长期来看甚至会加速生态系统从碳汇向碳源转变。因此，在方案实施前尤其要注意评估其生态和社会风险，将气候变化减缓与生物多样性目标相融合，科学推进实现“双碳”目标行动计划。

（四）优化自然保护地体系

自然保护地是生物多样性保护的基石，是就地保护最关键的措施。联合国《生物多样性公约》秘书处起草的“2020年后全球生物多样性框架”的草案建议，到2030年，地球至少30%的区域应纳入连接良好和管理有效的保护地系统。我国目前共建立各类自然保护地10 000多处，覆盖了约18%的陆地面积。在2021年召开的《生物多样性公约》第十五次缔约方大会上，我国宣布正式建立5个国家公园，打造以国家公园为主体的自然保护地体系。在气候变化背景下优化自然保护地体系应注意以下几点：考虑气候变化对物种迁移的影响，把不同气候情景下表现出较强适应能力的区域作为优先保护区域；构建生态廊道，增强气候变化下物种适宜栖息地与原来栖息地的连通性，在相邻的自然保护地间建立廊道，增进隔离种群遗传联系，使自然保护地在适应气候变化方面更具灵活性。

（五）科学合理开展迁地保护

对于无法快速适应气候变化、传播能力有限或面临迁移障碍的物种，更恰当的方式是采取迁地保护措施。将这些物种及时移入动物园、植物园、水族馆和濒危动物繁殖中心，是短期内拯救它们的重要方式。但是目前的迁地保护仍然存在诸多问题，包括缺乏国家层面的统一规划和管理、资源信息建设不足、迁地保护技术有限等。目前我国正在建设以国家植物园为引领的迁地保护体系。未来应该发展野生植物迁地保护的保育技术及信息网络。同时，保护其活体样本和完整的遗传多样性，促进物种适应气候变化；加强种质资源库的建设，综合考虑物种（遗传结构、适应机理）、生物环境（入侵物种）及非生物环境（营养条件、栽培措施），提高物种迁地的存活率。

（六）全面推广“基于自然的解决方案”的生态修复理念

世界自然保护联盟将“基于自然的解决方案”（Nature-Based Solution，NBS）定义为通过保护、可持续管理和修复自然或人工生态系统，从而有效地、适应性地应对社会挑战，并为人类福祉和生物多样性带来益处的行动。该方案与我国“自然恢复为主”“山水林田湖草沙冰一体化保护与系统治理”的理念一致。经过十余年的发展和实践，“基于自然的解决方案”涉及自然生态系统保护和修复，可持续的森林管理，建设生物多样性廊道，恢复景观连通性，保护与修复珊瑚礁、红树林、海草床，发展可持续农业和渔业捕捞以及替代能源等。这些措施在保护生物多样性的同时，通过减少陆地温室气体排放、增强陆地碳汇，对减缓气候变化做出了重要贡献，同时增强了生态系统的气候韧性，提高了农业、林业、牧业、渔业等社会经济领域适应气候变化的能力。未来在生态保护修复实践中，应全面推广“基于自然的解决方案”的理念，充分考虑地理空间变异和地域文化差异，提出有针对性的修复方案，减缓气候变化和生物多样性丧失进程。

参考文献

[1] Trisos C H, Merow C, Pigot A L. The projected timing of abrupt ecological disruption from climate change[J]. Nature, 2020, 580(7804): 496-501.

[2] Pecl G T, Araújo M B, Bell J D, et al. 2017. Biodiversity redistribution under climate change: impacts on ecosystems and human well-being[J]. Science, 2017, 355(6332): eaai9214.

[3] Pörtner H O, Scholes R J, Agard J, et al. Scientific outcome of the IPBES-IPCC co-sponsored workshop on biodiversity and climate change[R]. IPBES secretariat, 2021.

[4] IPCC. Summary for Policymakers[M]//IPCC. Climate Change 2022: Impacts, Adaptation, and Vulnerability. Contribution of Working Group Ⅱ to the Sixth Assessment Report of the Intergovernmental Panel on Climate Change. Cambridge: Cambridge University Press, 2022.

[5] Ceballos G, Ehrlich P R, Barnosky A D, et al. Accelerated modern human-induced species losses: entering the sixth mass extinction[J]. Science Advances, 2015, 1(5): e1400253.

[6] WWF. 2020. Living Planet Report 2020—Bending the Curve of Biodiversity Loss[R].

[7] IPBES. Global assessment Report on Biodiversity and Ecosystem Services of the Intergovernmental Science-Policy Platform on

Biodiversity and Ecosystem Services[R]. IPBES secretariat, 2019.
[8] 王连喜，陈怀亮，李琪，等 . 植物物候与气候研究进展 [J]. 生态学报，2010，30(2)：447-454.
[9] Edwards M, Richardson A J. Impact of climate change on marine pelagic phenology and trophic mismatch[J]. Nature, 2004, 430: 881-884.
[10] Chen I C, Hill J K, Ohlemüller R, et al. Rapid Range shifts of species associated with high levels of climate warming[J]. Science, 2011, 333(6045): 1024-1026.
[11] Hoegh-Guldberg O, Jacob D, Taylor M, et al. The human imperative of stabilizing global climate change at 1.5 ℃ [J]. Science, 2019, 365(6459): 1263-1274.
[12] Warren R, VanDer Wal J, Price J, et al. 2013. Quantifying the benefit of early climate change mitigation in avoiding biodiversity loss[J]. Nature Climate Change, 2013, 3(7): 678-682.
[13] Hays G C, Richardson A J, Robinson C. Climate change and marine plankton[J]. Trends in Ecology & Evolution, 2005, 20: 337-344.
[14] Verges A, Steinberg P D, Hay M E, et al. The tropicalization of temperate marine ecosystems: climate-mediated changes in herbivory and community phase shifts[J]. Proceedings of the Royal Society B: Biological Sciences, 2014, 281 (1789): 20140846.
[15] 王友绍 . 全球气候变化对红树林生态系统的影响、挑战与机遇 [J]. 热带海洋学报，2021，40(3)：1-14.
[16] Heilmeier H. Functional traits explaining plant responses to past

and future climate changes[J]. Flora, 2019, 254:1-11.

[17] 林朝晖，曾庆存 . 气候系统及模式中反馈机制研究 I . 概念和方法 [J]. 气候与环境研究，1998，3（1）：2-15.

[18] Pearson R G, Phillips S J, Loranty M M, et al. Shifts in Arctic vegetation and associated feedbacks under climate change[J]. Nature Climate Change, 2013, 3(7): 673-677.

[19] Blok D, Schaepman-Strub G, Bartholomeus H, et al. The response of Arctic vegetation to the summer climate: relation between shrub cover, NDVI, surface albedo and temperature[J]. Environmental Research Letters, 2011, 6(3): 035502.

[20] Heijmans M, Mauquoy D, van Geel B, et al. Long-term effects of climate change on vegetation and carbon dynamics in peat bogs[J]. Journal of Vegetation Science, 2008, 19(3): 307-320.

[21] Mori A S, Cornelissen J H C, Fujii S, et al. A meta-analysis on decomposition quantifies afterlife effects of plant diversity as a global change driver[J]. Nature Communications, 2020, 11(1): 4547.

[22] Cudmore T J, Björklund N, Carroll A L, et al. Climate change and range expansion of an aggressive bark beetle: evidence of higher beetle reproduction in naive host tree populations[J]. Journal of Applied Ecology, 2010, 47(5): 1036-1043.

[23] Passow U, Carlson C A. The biological pump in a high CO_2 world[J]. Marine Ecology Progress Series, 2012, 470: 249-271.

[24] Bax N, Sands C J, Gogarty B, et al. Perspective: increasing blue carbon around Antarctica is an ecosystem service of considerable societal and economic value worth protecting[J]. Global Change Biology, 2021, 27(1): 5-12.

[25] CBD. A new global framework for managing nature through 2030: first detailed draft agreement debuts [EB/OL][2022-06-07]. https://www.cbd.int/article/draft-1-global-biodiversity-framework.

[26] Kemppinen K M S, Collins P M, Hole D G, et al. Global reforestation and biodiversity conservation[J]. Conservation Biology, 2020, 34(5): 1221-1228.

[27] Mackey B, Kormos C F, Keith H, et al. Understanding the importance of primary tropical forest protection as a mitigation strategy[J]. Mitigation and Adaptation Strategies for Global Change, 2020, 25: 763-787.

[28] UNEP-WCMC. The World Database on Protected Areas (WDPA) [EB/OL][2022-06-07]. https://www.protectedplanet.net/en/thematic-areas/wdpa?tab=WDPA.

[29] Melillo J M, Lu X L, Kicklighter D W, et al. Protected areas' role in climate-change mitigation[J]. AMBIO, 2016, 45(2): 133-145.

[30] Atwood T B, Witt A, Mayorga J, et al. Global patterns in marine sediment carbon stocks[J]. Frontiers in Marine Science, 2020, 7 (art. 165).

[31] Hoegh-Guldberg O, Chopin T, Gaines S, et al. The ocean as a

solution to climate change: five opportunities for action[EB/OL] [2021-10-10]. http://www.oceanpanel.org/climate.

[32] Schuur E A G, Abbott B, Permafrost Carbon N. High risk of permafrost thaw[J]. Nature, 2011, 480: 32-33.

[33] Mariani G, Cheung W W L, Lyet A, et al. Let more big fish sink: fisheries prevent blue carbon sequestration-half in unprofitable areas[J]. Science Advances, 2020, 6(44): eab64848.

[34] United Nations Economist Network. Report of the UN Economist Network for the UN 75th Anniversary: Shaping the Trends of Our Time[R]. United Nations, 2020.

作者简介

徐卫华，中国科学院生态环境研究中心研究员，国家林业和草原局-中国科学院国家公园研究院副院长，主要从事生物多样性保护、自然保护地规划与管理等方面的研究。

江南，中国科学院生态环境研究中心在读博士，主要从事生物多样性保护等方面的研究。

臧振华，中国科学院生态环境研究中心博士后，主要从事生物多样性保护等方面的研究。

黄萍，中国科学院生态环境研究中心在读博士，主要从事自然保护地规划方面的研究。

赵磊，中国科学院生态环境研究中心在读博士，主要从事生物多样性保护等方面的研究。

如何在维持生态系统和保护生物多样性的同时构建陆地生态碳汇，促进碳中和目标的实现？

加强对陆域生态系统及生物多样性的保护，提升生态系统碳汇功能，抵消人类活动造成的二氧化碳排放，是实现碳中和目标的重要内容。但是目前缺乏绩效评估、监管、市场机制等关键技术支撑。如何建立提升生态系统碳汇功能的管理技术与机制？有哪些方式可以充分发挥生态系统和生物多样性在碳中和中的作用？

陆地生态系统碳汇发展现状、问题及建议

■ 董战峰　毕粉粉　冀云卿

陆地生态系统是碳中和固碳端的主要贡献者，在应对全球气候变化和实现碳中和目标背景下具有十分重要的作用。维持生态系统和保护生物多样性，构建陆地生态碳汇，促进实现碳中和目标是国际热点科学问题，开展相关研究对于助力实现中国碳中和目标具有重要意义。

我国在维持陆地生态系统与保护生物多样性方面做了大量工作，关于陆地生态系统碳汇核算方法的研究也逐渐趋于成熟，主要包括模型模拟法、现场实测法、大气反演法、通量观测法等，通过不同方法估算的陆地生态系统碳汇量存在差异，陆地生态系统碳汇强度呈现明显的空间异质性，大体呈现“东、南部高，西、北部低”的格局。

目前对陆地生态碳汇大小、分布、动态及其驱动因素的认识仍存在较大不确定性，未来发展方向和需要解决的关键科学

问题包括以下三个方面：一是陆地生态碳汇的各种途径核算结果均存在不确定性和方法上的不足，且评估结果差异较大，未来需要扩大陆地生态系统调查与观测的时空范围和精度，加强对特定生态系统和碳循环组分的观测；二是目前尚未全面评估陆地生态碳汇在碳中和目标中的贡献，未来需要精确计量我国不同陆地生态系统的碳循环参数，不断提升对我国陆地碳汇调控机制的认识；三是我国目前还没有一个拥有完全知识产权的碳循环模型，研究基础相对薄弱，未来迫切需要加强生态系统碳循环模型的开发，建立人与自然耦合的陆地生态系统碳循环过程模型，提高陆地碳汇稳定性预测。另外，我国陆地生态系统碳汇工作尚存在监测能力薄弱、核算标准不健全、碳汇交易机制不完善、碳中和与生物多样性统筹能力有待加强等突出问题。

本文从加快推进生态保护和修复重大工程、构建促进生态系统碳汇增量发展的科技支撑体系、加强生态碳汇的技术研发与能力建设、推进完善生态系统碳汇交易机制、加强碳中和与生物多样性保护统筹等方面提出了具体的对策与建议，以期为我国制定碳中和相关政策提供参考。

一、引言

陆地生态系统是自然界碳循环的主要部分，中国以占世界6.5%的陆地面积贡献了全球陆地碳汇的10%～31%，表明中国陆地生态系统在全球陆地碳汇中发挥了重要作用[1]。近40年来，关于陆地生态系统碳汇在不同区域以及不同尺度上对调节气候变暖的关键作用研究层出不穷，主要聚焦于碳汇能力、碳汇分布以及变化和政策机制等方面。自 20 世纪 80 年代开始，我国学者逐渐对生态系统碳循环的主要组分和相关参数开展了野外调查与监测，并将研究范围从样点尺度扩展至区域和全国尺度 [2]。之后，地面观测数据逐渐积累，卫星遥感资料、通量观测技术和各类模型逐渐得以应用与发展，推动了中国陆地生态系统碳循环多数据源、多手段的综合应用。近几年，中国在森林、草原、湿地、农田等陆地生态系统的碳汇计算方法方面逐渐趋于成熟，主要包括模型模拟法、现场实测法、大气反演法、通量观测法等，但不同方法对中国陆地生态系统碳储量和碳汇的估算结果依然存在较大的分歧与争议。2021 年度人类社会发展十大科学问题在生态领域的一个科学问题是“如何在维持生态系统和保护生物多样性的同时构建陆地生态碳汇，促进碳中和目标的实现？”本文基于此，分析该问题的内涵与科学意义，结合中国陆地生态系统碳汇和生物多样性领域的发展现状与存在的问题，对比不同研究和方法得到的中国陆地生态系统碳汇大小，评述目前的研究进展及存在的问题，并提出增强陆地生态系统碳汇能力、促进碳中和目标实现的对策与建议，以期为中国制定实现碳中和目标的相关政策提供参考。

二、问题的内涵与科学意义

（一）定义与内涵

（1）生态系统。生态系统是由生物群落及其生存环境共同组成的动态平衡系统。按类型划分，包括水域的淡水生态系统、河口生态系统、海洋生态系统等，以及陆地的森林生态系统、草原生态系统、湿地生态系统、农田生态系统和荒漠生态系统。生态系统都有固碳能力（碳汇），增强生态系统碳汇功能是减缓大气中二氧化碳浓度上升和全球变暖的有效途径。其中，陆地生态系统（包括森林生态系统、草原生态系统、湿地生态系统、农田生态系统和荒漠生态系统）是碳中和固碳端的主要贡献者，在全球气候变化和碳中和背景下具有十分重要的作用。

（2）生物多样性。生物多样性是生物及其环境形成的生态复合体，以及与此相关的各种生态过程的综合。通常包括动物、植物、微生物和它们所拥有的基因以及它们与其生存环境形成的复杂生态系统。2008 年世界银行发布《生物多样性、气候变化和适应性：世界银行投资中基于自然的解决方案》，提出了以生物多样性和人类福祉为核心的“基于自然的解决方案”框架，强调了生物多样性保护对气候变化减缓与适应的重要性。

（3）维持生态系统和保护生物多样性，构建陆地生态碳汇，促进实现碳中和目标是国际热点科学问题。碳中和的本质是化石燃料使用及土地利用变化导致的碳排放量与陆地和海洋生态系统吸收及其他方式固存的碳量之间达到平衡的状态，即 CO_2 净排放为零 [3,4]。也就是说，实现碳中和主要取决于两个关键过程：一是从产业上做到减少碳排放，包括节能、增效、开发利用新能源等；二是增加碳吸收，包括生态系统碳汇和工业碳固存，如碳捕获利用与封存（carbon capture utilization and storage，CCUS）等。其中，增强陆地碳汇被认为是缓解气候变化最为成熟的途径之一[5-7]。加强对陆地生态系统及生物多样性的保护，增强生态系统碳汇功能，是抵消人类活动造成 CO_2 排放的基于自然的解决方案，是实现碳中和目标的重要手段。将基于自然的解决方案与基于技术的解决方案协调互补、共同推进，可以在可持续发展框架下加速碳中和进程，打造促进经济发展、助力能源安全、改善环境、减排二氧化碳协同治理和多方共赢局面。

（二）科学意义与战略价值

1. 陆地生态碳汇功能对实现碳中和目标具有重要意义

自 21 世纪初开始，中国化石能源使用量急剧增加，向大气中排放了大量 CO_2，进而使得中国于 2006 年超过美国成为全球第一排放大国[8,9]。作为大气 CO_2 之汇，陆地生态系统在实现间接减排过程中发挥着极其重要的作用。2015 年，联合国发布《2030 年可持续发展议程》，首次单独列出陆地生态系统主题。联合国可持续发展目标陆地生态系统保护的总目标是：保护、恢复和促进可持续利用陆地生态系统，可持续地管理森林，防治荒漠化，制止和扭转土地退化，阻止生物多样性的丧失，并设定 9 个目标和 13 个识别指标。2020 年，习近平在第七十五届联合国大会一般性辩论上发表重要讲话，他指出："中国将提高国家自主贡献力度，采取更加有力的政策和措施，二氧化碳排放力争于 2030 年前达到峰值，努力争取 2060 年前实现碳中和。"[10] 2022 年全国生态环境保护工作会议指出，"十四五"时期，我国生态文明建设进入了以降碳为重点战略方向、推动减污降碳协同增效、促进经济社会发展全面绿色转型、实现生态环境质量改善由量变到质变的关键时期。随着可持续发展目标与“双碳”目标的提出，维持生态系统、保护生物多样性与构建陆地生态碳汇显现出一致性、引领性和挑战性。在此背景下，开展维持生态系统和保护生物多样性以及构建陆地生态碳汇探索研究，对于助力实现碳中和目标具有重要意义。

2. 提升陆地生态碳汇功能具有多重效益

在维持生态系统和保护生物多样性的同时增强陆地生态系统碳汇，是减缓大气中 CO_2 浓度上升和全球变暖的重要手段，也是实现中国碳中和目标的有效途径。如期实现可持续发展目标与“双碳”目标，提升陆地生态碳汇能力是重要途径，通过强化国土空间规划和用途管控等，有效发挥森林、草原、湿地、土壤、冻土的生态价值和生态潜力，提升生态系统碳汇增量。陆地生态碳汇在固碳的同时，还具有巨大的生态经济价值，能产生巨大的环境效益，对保护生物多样性和公众身体健康至关重要。发展陆地生态碳汇可以为资源丰富的地区带来经济收入，同时通过碳市场交易等方式，为应对气候变化做出贡献，并实现其经济价值，将生态产品所蕴含的内在价值转化为经济效益、社会效益和生态效益。

三、陆地生态系统碳汇的发展现状和存在的问题

（一）中国维持陆地生态系统和保护生物多样性的举措

改革开放以来，中国在维持陆地生态系统和保护生物多样

性方面做了大量工作，主要包括建立健全陆地生态系统保护的法律法规体系、实施大规模生态工程建设、持续加强生物多样性保护等，实现了从经济建设与自然保护“双赢”到生态保护优先发展的战略升级。

1. 建立健全陆地生态系统保护的法律法规体系

一是基本构建了生态系统保护法律体系。经过多年的立法

实践工作，已经建立了涵盖陆地生态系统保护主要方面的法律体系，主要包括《中华人民共和国森林法》（1984 年）、《中华人民共和国草原法》（1985 年）、《中华人民共和国土地管理法》（1986 年）、《中华人民共和国野生动物保护法》（1988 年）、《中华人民共和国环境保护法》（1989 年）、《中华人民共和国水土保持法》（1991 年）、《中华人民共和国进出境动植物检疫法》

（1991 年）、《中华人民共和国种子法》（2000 年）、《中华人民共和国防沙治沙法》（2001 年）、《中华人民共和国畜牧法》（2005 年）等。

二是出台了大量的配套实施法规和管理办法等。主要包括《中华人民共和国陆生野生动物保护实施条例》（1992 年）、《城市绿化条例》（1992 年）、《中华人民共和国自然保护区条例》（1994 年）、《中华人民共和国野生植物保护条例》（1996 年）、《中华人民共和国土地管理法实施条例》（1998 年）、《中华人民共和国森林法实施条例》（2000 年）、《林木和林地权属登记管理办法》（2000 年）、《占用征用林地审核审批管理办法》（2000 年）、《退耕还林条例》（2002 年）、《中华人民共和国濒危野生动植物进出口管理条例》（2006 年）、《国家级森林公园管理办法》（2011 年）、《湿地保护管理规定》（2013 年）等。

三是伴随着我国的社会经济发展和生态文明建设进程，加强对已出台的法律修订工作。例如，《中华人民共和国森林法》于 1998 年和 2009 年分别进行了修订，在总则中强调发挥森林蓄水保土、调节气候、改善环境的作用；《中华人民共和国环境保护法》于 2014 年修订，新增加了推进生态文明建设、促进经济社会可持续发展的总则。

2. 实施大规模生态工程建设

改革开放以来，我国实施的大规模生态工程建设和保护行动如表 1 所示。

表1　改革开放以来我国实施的大规模生态工程建设和保护行动[11]

类型	生态工程	实施时间	目标
林业重大生态工程	“三北”及长江流域等防护林体系建设工程	规划期：1978～2050年	解决中国“三北”地区严重的风沙干旱、水土流失等自然灾害和生态问题
	天然林资源保护工程	一期：1998～2010年	实现天然林由木材用途向生态保护用途转变
		二期：2011～2020年	增加森林面积、森林蓄积量和森林碳汇量，进一步改善生态状况
	退耕还林还草工程	一期：2002～2013年	实现25度以上坡耕地的退耕还林还草
		二期：2014～2020年	到2020年，将全国具备条件的坡耕地和严重沙化耕地均退耕还林还草
	森林质量精准提升工程规划	2016～2020年	恢复森林资源，扩大森林面积，提升森林质量，增强森林生态功能
草原生态建设	退牧还草工程	2002年启动	治理退化、沙化草原，减轻风沙危害
	草原生态保护补助奖励项目	2010年启动	实现草地生态系统健康和草地畜牧业可持续发展

续表

类型	生态工程	实施时间	目标
防治荒漠化工程	京津风沙源治理工程	2000 ～ 2020 年	遏制京津及周边地区土地沙化的扩展趋势
	西南岩溶地区草地治理试点工程	2006 年启动	防治土地退化
	沙化土地封禁保护修复制度	2015 年启动	遏制沙化扩展，自然恢复荒漠生态系统
湿地生态建设工程	国家湿地公园	2005 年启动	湿地生态保护和管理
	湿地保护奖励试点	2010 年启动	退耕还湿，湿地保护与恢复

一是实施林业重大生态工程。1978 年启动了世界上最大的生态修复工程——“三北”防护林体系建设工程[12]，到 2018 年工程区森林覆盖率由 1977 年的 5.05% 提高到 13.57%，完成造林保存面积 3014 万公顷[13]；1998 年实施的天然林资源保护工程是中国林业从以木材生产为主向以生态建设为主转折的起点，到 2018 年工程管护森林面积为 1.3 亿公顷；1999 年试点、2012 年全面启动退耕还林还草工程，至 2018 年全国累计实施退耕地还林还草 1326.67 万公顷、荒山荒地造林 1753.33 万公顷、封山育林 306.67 万公顷，中央累计投入资金 5112 亿元[14]；2016 年实施森林质量精准提升工程，将中国从重视森林数量增加转型为可

持续的森林生态系统管理。

二是实施以退牧还草为主体工程的草原生态建设。2003～2018年，国家累计投入退牧还草资金295.7亿元；2011～2018年，国家累计投入草原生态奖补资金1326亿元[15]。

三是实施防治荒漠化工程。2000年启动京津风沙源治理工程，实施20年来，累计完成营造林902.9万公顷，工程区森林覆盖率由10.59%提高到18.67%，区域沙化土地面积年均减少432平方千米[16]。2006年启动西南岩溶地区草地治理试点工程；2015年实施沙化土地封禁保护修复制度，到2018年封禁保护总面积达166.38万公顷[17]。

四是实施湿地生态建设工程。2005年杭州国家西溪湿地公园试点启动，2017年底国家湿地公园共有898处，总面积达363万多公顷，保护湿地面积239万公顷[18]；2010年启动退耕还湿、湿地保护奖励试点，目标是支持湿地保护与恢复；2014年中央财政大规模增加了湿地保护投入力度，当年安排湿地补贴资金16亿元，比2013年增长119.67%；2015年和2016年中央财政年均安排湿地补贴资金为16亿元，2017年和2018年年均为19亿元[11]。

3. 持续加强生物多样性保护

自1992年签署《生物多样性公约》以来，我国一直高度重视生物多样性保护。

一是强化生物多样性保护顶层设计。1994年发布《中国生物多样性保护行动计划》，作为实施生物多样性保护的重要措施，自然保护区进入数量快速增长时期。自1989年起，陆续出台了《国家重点保护野生动物名录》（1989 年）、《国家重点保护野生植物名录（第一批）》（1999 年）、《国家重点保护野生动物名录（调整部分）》（2003 年）、《引进陆生野生动物外来物种种类及数量审批管理办法》（2005 年）等。2015 年印发《建立国家公园体制试点方案》，2019 年颁布《关于建立以国家公园为主体的自然保护地体系的指导意见》，2021 年印发《关于进一步加强生物多样性保护的意见》等。

二是加强生物多样性保护相关研究。自 20 世纪 60 年代起，我国开展了全国范围内生物资源的调查、评估与监测研究，出版了《中国植物志》、《中国动物志》和 *Flora of China* 等志书。自 20 世纪 80 年代起，建立了中国生态系统研究网络（CERN）、中国生物多样性监测与研究网络（SinoBON）和中国生物多样性观测网络（ChinaBON）等多个生物多样性和生态系统监测网络。随着国家在科学研究领域投入的增加，我国科学家在生物多样性的起源、演化与维持机制、生态系统服务与功能、物种及生态系统响应全球变化机制、物种濒危机制等保护生物学领域取得了重要进展[19,20]，并在《自然》（*Nature*）、《科学》（*Science*）、《细胞》（*Cell*）等刊物上发表了一批原创性的重大成果，研究水平和国际影响力快速提升，从而为生物多样性及濒危物种保护相关决策提供了强有力的科技支撑。此外，我国研究者还基于全球生物多样性保护的需要，提出“天人合一”思想下的生物多样性保护的新愿景与概念框架[21]，以及量化人类基本生存与发展所需的最低自然区域的面积比例，以寻找自然保护与社会发展的平衡[22]。

（二）中国陆地生态系统碳汇研究情况

1. 不同陆地生态系统类型的碳储量存在差异

中研普华发布的《2021～2026年中国低碳经济行业发展潜力分析及投资战略规划咨询报告》显示，森林作为陆地生态系统的主体，是系统中最大的碳库，森林碳汇是实现碳中和目标的主要途径。采用的数据来源和估算方法等差异，导致关于不同陆地生态系统类型碳储量的研究结果存在较大差异。张颖等[23]的研究表明，不同时期中国的森林碳汇量差异较大，森林植被碳汇功能显著增加（表 2），前十几年的平均碳汇量为 0.0507 Pg C，后 10 年的均值为 0.188 Pg C，森林资源总碳储量由 1976 年的 12.51 Pg C 增加到 2018 年的 21.44 Pg C。杨元合等[24]的研究表明，过去 70 年间，我国森林生态系统逐步从碳源转变为碳汇，且其碳汇强度逐渐增加；中国草地生态系统碳储量处于 17.3 ～ 59.5 Pg C，灌丛生态系统碳储量为 10.0 ～ 32.5 Pg C，湿地的土壤碳储量估算范围在 3.7 ～ 16.7 Pg C，农田的土壤碳储量为 11.8 ～ 13.0 Pg C（表 3）。

表2　基于森林资源清查数据计算的我国森林资源碳储量及其变化[23]

时期	森林单位面积蓄积量 / （m^3/hm^2）	碳储量 / Pg C	碳汇量 / （Pg C/a）
1976 年（1973 ～ 1976 年）	71.27	12.51	—
1981 年（1977 ～ 1981 年）	78.32	13.45	0.078
1988 年（1984 ～ 1988 年）	73.33	13.86	0.024
1993 年（1989 ～ 1993 年）	67.97	14.07	0.017
1998 年（1994 ～ 1998 年）	70.89	14.47	0.019
2003 年（1999 ～ 2003 年）	71.21	15.78	0.107
2008 年（2004 ～ 2008 年）	73.67	16.86	0.089
2013 年（2009 ～ 2013 年）	77.24	18.62	0.144
2018 年（2013 ～ 2018 年）	78.17	21.44	0.231
总平均	73.56	—	0.086

表3 我国部分研究关于不同陆地生态系统类型的碳储量比较情况[24]

类型	面积 / $\times 10^4$ km^2	碳储量 /Pg C			数据来源与方法
		植被	土壤	合计	
草地生态系统	167.0	0.6	16.7	17.3	过程模型
	281.3	1.4	24.0	25.4	“碳专项”调查数据
	394.9	3.2	56.3	59.5	过程模型
灌丛生态系统	178	0.9	9.1	10.0	文献数据整合
	217	0.2	11.8	12.0	过程模型
	186	8.0	24.5	32.5	文献数据整合
湿地生态系统	24.5	—	3.7	—	文献数据整合
	22.5	0.13 ~ 0.50	5.0 ~ 6.2	5.4 ~ 7.3*	第二次全国土壤普查 + 文献数据整合
	53.4	0.22	16.7	16.9	第二次全国湿地资源清查
农田生态系统	93.7	11.8			过程模型
	132.3	12.2			1∶100 万中国土壤数据库
	155.8	13.0			第二次全国土壤普查

* 包括水体碳库 0.2 ~ 0.6 Pg C。

注：各时期的碳储量指该时期期末时间点的碳储量，如 1976 年的碳储量为 12.51 Pg C，1981 年的碳储量为 13.45 Pg C。

2. 陆地生态系统碳汇核算方法研究趋于成熟

我国关于陆地碳循环的研究起步较晚[25,26]。自 20 世纪 80 年代开始，国内科研人员逐渐开展了对生态系统碳循环主要组分和相关参数的野外调查与监测，并将这些观测结果从样点尺度扩展至区域和全国尺度[2]。之后，地面观测数据的逐渐积累、卫星遥感资料和通量观测技术的应用以及各类模型的发展，推动了多数据源、多手段的综合应用，有力促进了中国陆地碳循环研究的发展。近几年，针对森林、草原、农田等生态系统的碳汇计算逐渐趋于成熟，主要包括模型模拟法、现场实测法、大气反演法、通量观测法等。

3. 不同方法估算的陆地生态系统碳汇量存在差异

基于清查资料、通量观测以及陆地生物圈模型等“自下而上”的方法以及基于大气反演的“自上而下”的方法，我国学者评估了陆地生态系统碳源汇特征[27-35]。综合目前基于“自下而上”“自上而下”方法得到的研究结果可以看出，中国陆地生态系统呈现为显著的碳汇，但基于“自下而上”方法得到的碳汇强度普遍低于基于“自上而下”方法得到的结果。研究发现[1]，中国的陆地面积约占世界陆地面积的 6.5%，贡献了全球陆地碳汇的 10% ～ 31%，表明中国陆地生态系统在全球陆地碳汇中发挥了重要作用。杨元合等[24]基于“自下而上”和“自上而下”方法相结合的碳汇估算思路对现有研究结果进行整合，结果表明，通过“自下而上”方法获得的 20 世纪 80 年代至 21 世纪最初 10 年中国陆地碳汇中值为 166.5 Tg C/a（70 ～ 293.6 Tg C/a；5% ～ 95% 分位数，下同）；通过“自上而下”方法获得的碳汇中值为 340.0 Tg C/a(290 ～ 430 Tg C/a)，估算出中国陆地生态系统的碳汇强度为 195 ～ 246（99 ～ 336）Tg C/a。

4. 陆地生态系统碳汇时空分布不均匀

中国陆地生态系统碳汇强度呈现明显的空间异质性，大体呈现“东、南部高西、北部低”的格局[30,32,33,36-39]。通量观测、陆地生物圈模型和大气反演结果均显示，东南和西南两个季风区具有较强的碳汇能力[1,29,32,33,37]。不少研究探讨了中国陆地碳汇的长期变化趋势。例如，Mu 等[29]和 Tian 等[38]采用不同模型对 20 世纪 60 年代至 21 世纪初的陆地碳汇变化进行了模拟，前者发现，1961 ～ 2000 年中国陆地碳汇呈现微弱的下降趋势（−0.02 Tg C/a），后者则显示 1961 ～ 2005 年碳汇没有明显的变化趋势。气候变化国家信息通报和两年更新报告等的研究均表明，21 世纪以来中国陆地碳汇在增强[40-44]。此外，采用样地清查、陆地生物圈模型和大气反演等不同方法开展的多个独立研究也显示，2000 ～ 2010 年中国陆地碳汇显著高于 20 世纪 80 年代和 90 年代的水平[45-47]。然而，也有基于单个陆地生物圈模型模拟的研究认为，2000 ～ 2010 年中国陆地碳汇以 −11.3 Tg C/a 的速率下降[48]。综合以上研究可以看出，从 20 世纪 60 年代至 20 世纪末，中国陆地碳汇变化不明显或呈微弱下降趋势，2000 年后中国陆地碳汇有所增加，但存在一定的不确定性。

（三）陆地生态系统碳汇面临诸多挑战

当前，陆地生态系统碳汇工作存在监测能力薄弱、核算标准不健全、碳汇交易机制不完善、碳中和与生物多样性统筹能力待加强等突出问题，亟须加快推进解决，为顺利实现碳中和目标做好技术与能力建设储备。

1. 技术层面

一是生态系统碳汇监测能力需要提高。陆地生态碳汇的监测、估算和报告是应对气候变化的基础性工作，陆地生态系统的复杂性与多样性给碳排放与碳汇计量、估算工作带来困难和挑战。全球监测与评估能力不平衡，荒漠、冻土等生态系统碳储藏和碳汇的监测与评估数据还不足，无法提供较为准确的数据以满足应对气候变化工作的需求。中国在生态系统碳汇监测与估算能力方面仍需要提高，尤其是土壤、湿地、荒漠等领域的监测还处于起步阶段，基础数据少，参数和模型需要建立，亟须完善生态系统碳汇监测体系[49]。

二是生态系统碳汇核算标准不统一。目前中国尚缺乏生态系统碳汇核算的统一规范技术指引，对于森林、草原、湿地等各类生态系统要素的碳汇核算方法依然缺乏共识，存在核算方法复杂、核算参数选择不统一、某些树种碳汇水平测算缺乏规范等问题，生态系统碳汇功能核算缺乏统一性与规范性。另外，缺乏关于人类社会经济活动等对生态系统碳汇影响的评价机制和实施机制，缺乏增强生态系统增汇潜力的政策措施。

2. 管理层面

一是生态系统碳汇交易机制不完善。碳汇交易市场在社会参与度、技术、程序和标准规范上仍存在一些突出问题，如碳汇交易主体之间责任不明确、准入标准不规范、碳汇产权不明晰、碳汇融资渠道比较单一、利益分配不完善等问题影响碳汇交易的开展。目前中国碳汇项目方法学较少，经国家核证自愿减排量（Chinese Certified Emission Reduction, CCER）备案的碳汇方法学偏少，真正能进行市场交易的只有林业碳汇项目，可交易的品种单一。生态系统碳汇主要购买方是碳市场履约企业，碳汇生态产品在得到政府主管部门备案后直接被用于履约，是典型的现货交易，缺少生态系统碳汇产品期货、期权等其他金融衍生品的创新与应用，金融机构、广大非履约企业和普通社会公众参与意愿不高，市场购买主体单一，产品流动性和市场金融属性不足。

二是碳中和与生物多样性统筹能力有待加强。我国在应对气候变化、保护生态系统及生物多样性方面开展了大量相关研究，但在大规模发展光伏发电、风能等对生态系统及生物多样性的影响，以及保护生态系统与生物多样性对碳中和的影响方面的研究都还比较有限，对相关工作的科技支撑还较弱。应对气候变化与保护生物多样性的协同治理需要基于自然的解决方案，统筹资金、技术、标准和监管政策，但目前我国的相关研究尚不充分。

四、未来发展方向和需要解决的关键科学问题

目前对陆地生态碳汇大小、分布、动态及其驱动因素的认

识仍存在较大不确定性，包括不同研究者对陆地生态碳汇定义的差异、样点分布不均衡性导致的抽样误差、模型过程和参数的差异等。同时，不同方法获得的碳汇强度之间也存在较大差异，特别是由于横向通量测算中的不确定性，“自下而上”方法和“自上而下”方法结果间的闭合还存在一定挑战。未来发展方向和需要解决的关键科学问题包括以下几个方面。

（一）陆地生态碳汇评估精度有待进一步提高

目前生态碳汇的核算途径包括地面清查、遥感反演、模型模拟和通量观测等，各种途径的核算结果均存在不确定性和方法上的不足，且评估结果差异较大，难以相互比对和校核[50]。为了提高陆地生态碳汇评估结果的可靠性，并量化其不确定性，越来越多的研究采用“自下而上”（如地面调查、碳通量监测、簿记模型和陆地生物圈模型）和“自上而下”（如大气成分监测与反演）相结合的方法探究陆地碳汇特征。然而，由于陆地生态系统碳汇具有较大的时空异质性，特别是热带地区、冻土区等区域观测资料，以及关键碳循环参数长期监测数据的缺乏，目前对于生态系统过程及其对气候变化与人类活动响应的认识仍存在诸多不足。另外，模型的发展不仅有赖于对生态系统过程与机制的充分认识，而且需要依靠更全面的地面调查资料、遥感数据等对模型进行验证和约束，以完善模型过程，优化模型参数，进而提高模型预测未来碳源汇的精度。因此，未来需要扩大陆地生态系统调查与观测的时空范围和精度，以增强观测数据的时空代表性；还需要加强对特定生态系统和碳循环组分的观测，如关注灌丛和冻土等观测数据相对缺乏的生态系统，关注土壤碳库的动态变化和可溶性有机碳淋溶损失等以往生态监测中的薄弱环节，以全面评估各类生态系统的全组分碳汇。此外，还需要推动新的观测技术和手段（如微生物组学、碳同位素通量监测、近地面遥感等）在碳循环研究中的广泛应用，以便从分子到全球尺度深入揭示陆地碳汇的形成机制。

（二）各类措施导致的陆地生态系统碳汇潜力变化需要更精准的计量

我国已明确提出“二氧化碳排放力争于 2030 年前达到峰值，努力争取 2060 年前实现碳中和”[10] 的宏伟战略目标，但目前尚未全面评估陆地生态碳汇在碳中和目标中的贡献。因此，未来须精确计量中国不同陆地生态系统的碳循环参数，不断提升对中国陆地碳汇调控机制的认识，进一步发展耦合不同模块的整合生态系统过程模型，并通过多模型比较量化与降低其预测的不确定性，完善对未来各种可能情景下的陆地碳汇预测。此外，还需要通过研发陆地碳汇提升的技术体系，解析实现陆地生态系统增汇的技术途径，并提出若干有望提升生态系统固碳能力的政策举措。在此基础上，通过准确评估未来气候变化情景和不同管理措施下中国陆地生态系统的固碳能力与增汇潜力，量化植被自然生长、环境变化和人为管理措施对增汇潜力的贡献，完善对中国各类生态系统碳汇潜力可达时限的预估，最终服务于国家碳中和的长期愿景目标。

（三）建立人与自然耦合陆地生态系统碳循环过程模型，提高陆地碳汇稳定性预测

在全球陆地碳循环的前沿研究中，我国目前还没有一个拥有完全知识产权的碳循环模型，研究基础相对薄弱，人类活动对生态系统的影响通常也没有得到很好的描述，迫切需要加强生态系统碳循环模型的开发，并将人类活动过程整合到模型中。过去几十年，中国陆地生态系统的碳固存在很大程度上是由于“退耕还林”等生态项目，开发人与自然耦合陆地生态系统碳循环模型以准确预测中国陆地生态系统的碳固存潜力至关重要。另外，中国陆地生态系统碳汇的稳定性相对较弱，目前的模型无法准确诊断生态系统碳汇对极端天气气候事件的响应，尤其是在极端天气气候事件下的脆弱性。估算生态系统碳汇的稳定性，尤其是在气候变化敏感地区、脆弱生态系统或碳汇热点地区（如青藏高原、黄土高原和中国西南喀斯特地区），对于准确预测中国陆地碳汇的变化和改善生态系统管理非常重要。因此，迫切需要在人与自然耦合陆地生态系统过程模型中改善生态系统对极端天气气候事件和冻土冻融过程的响应，并为中国不同生态系统建立碳循环参数和数据库，以提高模拟精度。

五、对策与建议

实现碳中和目标将是 21 世纪最大规模的人类有序活动，必将催生新的科学前沿。中国生态文明建设进入了以降碳为重点战略方向、促进经济社会发展全面绿色低碳转型的关键时期，

在维持生态系统和保护生物多样性的同时，提升陆地生态系统碳汇增量是实现碳中和目标的关键举措之一。

（一）加快推进生态保护和修复重大工程

深入贯彻落实《全国重要生态系统保护和修复重大工程总体规划（2021—2035年）》，优化国土空间布局，完善重大工程投入机制，实现生态系统固碳效能的最大化。通过推进天然林资源保护、退耕还林还草、防护林体系等重点生态工程建设，提升森林、草原、湿地的碳贮存和碳吸收能力。实施区域性山水林田湖草沙系统治理工程，充分利用坡地、荒地、废弃矿山等国土空间开展绿化工作，增加林草资源总量，提高森林、草原资源质量，提升森林、草原的固碳和储碳能力。积极探索基于自然的解决方案，在适宜人工林培育的地方，积极植树造林，恢复和重建生态系统；在适宜自然恢复的地方，充分借助大自然的力量，恢复林草植被，提高生态系统的综合效益，增强生态系统的整体功能。

（二）构建促进生态系统碳汇增量发展的科技支撑体系

在国家重大科研专项中设立和开展陆地生态碳汇研究与应用相关科技创新研究项目，结合自然资源管理需求，开展国土空间规划、生态保护修复等业务工作中的碳中和实现标准研究。进一步梳理和总结政府间气候变化专门委员会等国际组织以及《联合国气候变化框架公约》发布的国际通用碳排放与固碳量测算方法，明晰碳中和过程中存量与增量的科学关系，结合自然资源领域对陆地生态系统碳汇功能测算方法进行综合研究，推动中国碳中和措施在国际框架中实施。开展陆地生态碳汇对实现碳中和目标贡献的相关研究，如不同陆地生态系统碳素转化、驱动力及其时空分布规律等，尤其是需要加强陆地生态碳汇格局、时间尺度、演化趋势及其与气候系统的互馈机理等方面的重要基础科学研究，为中国实现“双碳”目标提供科技支撑。加强森林等生态系统应对气候变化的相应机制、减缓气候变化潜力和成本效益方面的研究，以及与粮食安全和其他生态系统服务之间关系的研究[51]。加强生物质能源与森林减缓气候变化途径之间的相互作用和权衡的研究。推动研究完善陆地生态系统碳汇技术方法，加强碳核算、碳生产、碳增长经营技术、碳投资与金融等涉碳相关专门人才培养，支撑引导和推动完善相关国际规则。

（三）加强生态碳汇的技术研发与能力建设

1. 研究制定不同类别的生态系统碳汇功能核算技术规范

对不同类别的生态系统碳汇功能核算方法进行规范，针对森林，考虑树种、林龄、所在区域光照、温度、降水和土壤等自然条件，制定统一的参数标准，设定规范的核算方法；针对草原、湿地等按照不同草原和湿地类别，设定参数标准和核算方法。制定科学完整的陆地生态系统碳储量和碳汇核算方法，完善基础数据库和参数模型库，构建基于不同生态地理区域、不同生态系统类型的植被覆盖度、生物量、碳密度等关键指标和关键参数的数据集成平台，为全面掌握生态系统碳汇现状、将生态系统固碳能力纳入生态环境监管职能奠定数据基础。

2. 提高陆地生态系统碳汇评估精度

融合多源数据（地面观测、激光雷达、卫星遥感）、多尺度数据（样地尺度、站点尺度、区域尺度）以及多手段数据（联网观测、森林清查、模型模拟），全面准确评估陆地生态系统碳汇。整合定点观测数据、联网控制实验、样带调查、生态系统网络观测、模型模拟以及卫星遥感反演等数据，基于多尺度、多过程、多学科、多途径的综合集成分析等手段，准确评估中国森林、草地、农田以及湿地等生态系统的固碳现状、速率、潜力，客观评价中国陆地生态系统的潜在固碳潜力、现实固碳潜力及其在全球碳收支中的贡献[52]。

3. 构建生态系统碳汇监测体系

依托和拓展自然资源调查监测体系，制定不同陆地生态系统类型关键指标、关键技术参数的调查监测技术规范，建立碳汇监测评价与决策支持系统。加快构建国家技术标准统筹、区域技术监督、地方推进落实、社会共同参与的生态系统碳汇监测网络，融合“自上而下”反演方法与高分辨率“自下而上”动态清单方法，实现人为源–汇变化的精细化监测，形成覆盖森林、草原、湿地、农田等重要陆地生态系统的碳汇调查监测体系。

4. 建立健全生态系统固碳增汇风险管控机制

在全球气候变化和人类对自然干扰加剧的背景下，建立健全气候、植被、土壤性质以及土地利用等因素对生态系统碳库稳定性的跟踪监测机制，长时期持续开展生态系统碳汇增汇风险评估，动态了解影响生态系统碳库稳定性的有利和不利因素。构建生态系统增汇潜力评价模型，测算生态系统碳库的存量资源和增量资源对增汇潜力的贡献程度。模拟生态系统碳汇增长的演化发展趋势，分析生态系统增汇潜力的动力来源，为推动生态系统增汇提供决策参考。

（四）推进完善生态系统碳汇交易机制

1. 健全生态碳汇交易市场

充分发挥政府在明晰产权、创设交易平台、制定市场规制、引致需求等方面的主导作用，探索生态环境导向的开发（ecology-oriented development，EOD）模式、政府和社会资本合作（public-private partnership，PPP）等市场化碳汇服务模式，推进政府和社会力量合作开展陆地生态碳汇增汇新模式。创新碳汇交易的金融产品与服务，完善陆地生态系统碳汇市场融资机制，探索不同区域、不同部门之间的生态系统碳汇交易机制。探索建立生态系统碳汇的评估、登记、监测、交易、监管机制与完善途径，完善碳汇市场参与方的相关认证、注册制度，严格碳汇信用的审定和核查，确保参与市场交易各方获得期望收益，实现通过碳汇交易发展经济、助力碳中和与保护生态的三重目标。

2. 加快完善生态碳汇政策体系

研究制定森林、草原、湿地、海洋等方面的《碳汇项目开发指导意见》，赋予地方政府更多的碳汇项目开发政策创新空间，加强对地方政策实施与创新实践的跟踪评估，及时将各地典型做法模式上升为国家碳汇项目支持政策。强化碳汇激励政策创新，加大金融政策对农田土壤和森林生态系统等碳汇产业的支持，鼓励发行碳中和债券，以草原土壤碳库和植被碳库等生态系统碳库的固碳能力为基础，因地制宜地开发碳资产质押融资、碳汇指数保险等。探索构建碳汇价值与生物多样性保护、保护地及森林疗养等不可量化的生态服务相结合的开发保护方式。

3. 开展生态碳汇实物量和价值量核算

积极尝试多种形式的碳汇交易，探索更多的碳汇生态产品价值实现机制，把更多不可量化的碳汇产品变成可量化、可交易的商品，如积极募资在国内开展碳中和项目，研建农户森林经营碳汇交易体系，推进“购买碳汇·履行义务植树”等创新活动等。创新机制与规则，将碳的价值与生物多样性保护、保护地及森林疗养等不可量化的生态服务相结合。推动国家核证自愿减排量碳汇领域的技术和方法学开发，重点是湿地、“蓝碳”等领域方法学研制，并加强碳汇法律法规、产权市场、价格形成和标准规范等系列研究，为国内碳市场建设和碳汇交易提供理论和技术支撑[53]。

（五）加强碳中和与生物多样性保护统筹

1. 加强碳中和行动与保护生态系统及生物多样性统筹

坚持山水林田湖草沙一体化保护和系统治理，加强整体保护、系统修复和综合治理，通过对生物多样性的保护，寻找提高生态系统质量和稳定性、增加碳汇能力的有效方法，实现应对气候变化与保护生物多样性协同增效，形成生态系统韧性加强与生物多样性保护并进，从而促进气候变化的良性循环。建立碳中和行动与生态系统及生物多样性保护协同推进的资金机制、激励政策、部门协调机制、考核制度及产业发展政策等。在制定碳中和行动方案以及实现应对气候变化自主贡献行动方案中，把保护生态系统及生物多样性作为重要内容。在保护生态系统及生物多样性工程中，也要把实现碳中和目标作为重要内容。与基于自然的解决方案结合，科学设计和实施各类碳减排工程，增加生态系统碳汇。

2. 加强碳中和与保护生态系统及生物多样性的研究统筹

强化碳中和与保护生态系统及生物多样性的科技支撑，加强碳中和对生态系统及生物多样性的风险与对策研究，既评价保护生态系统和生物多样性对碳中和的效益，又要基于全生命周期的理念评估碳中和措施对生态系统生物多样性的影响，以确定利于保护生态系统和生物多样性的碳中和技术[54]。加强微生物和气候变化相互影响、微生物群落对气候变化的作用和反馈机理、微生物多样性驱动陆地生态系统功能多样性等的研究，将微生物纳入碳中和行动的技术开发及相关政策和管理决策中。此外，还应加大对碳中和措施可能影响生态系统和生物多样性的监管力度，如监管光伏发电等碳减排工程对国家主体生态功能区、自然保护区和生态保护红线等的影响。

参考文献

[1] Piao S L,He Y,Wang X H, et al. Estimation of China's terrestrial ecosystem carbon sink: methods,progress and prospects[J].Science China(Earth Sciences),2022,65(4): 641-651.

[2]Yu G R, Li X R, Wang Q F, et al. Carbon storage and its spatial pattern of terrestrial ecosystem in China[J]. Journal of Resource and Ecology, 2010, 1(2): 97-109.

[3]Rogelj J, Schaeffer M, Meinshausen M, et al. Zero emission targets as long-term global goals for climate protection[J]. Environmental Research Letters, 2015, 10(10): 105007.

[4] IPCC. Annex Ⅰ: Glossary[M]//Masson-Delmotte V, Zhai P M, Pörtner H O, et al. Global Warming of 1.5℃. Geneva: World Meteorological Organization, 2018.

[5] Griscom B W, Adams J, Ellis P W, et al. Natural climate solutions[J]. Proceedings of the National Academy of Sciences of the United States of America, 2017, 114(44): 11645-11650.

[6] Qin Z C, Deng X, Griscom B, et al. Natural climate solutions for China: the last mile to carbon neutrality [J]. Advances in Atmospheric Sciences, 2021, 38(6): 889-895.

[7] Qin Z C, Griscom B, Huang Y, et al. Delayed impact of natural climate solutions[J]. Global Change Biology, 2021, 27(2): 215-217.

[8] Zheng T L, Zhu J L, Wang S P, et al. When will China achieve its

carbon emission peak? [J]. National Science Review, 2016, 3(1): 8-12.
[9] 方精云，王少鹏，岳超，等 . 中国及全球碳排放——兼论碳排放与社会发展的关系 [M]. 北京：科学出版社，2018.
[10] 新华社 . 习近平在第七十五届联合国大会一般性辩论上的讲话 [EB/OL][2022-03-07]. http://www.gov.cn/xinwen/ 2020-09/22/content_5546169.htm.
[11] 孙若梅 . 我国陆地生态系统保护成效与展望：对标 2030 可持续发展议程目标 [J]. 林业经济 , 2019, 41(10):10-16.
[12] 赵树丛 . 2013 林业重大问题调查研究报告 [M]. 北京：中国林业出版社，2014.
[13] 国家林业和草原局 . 筑起中国绿色长城 [EB/OL][2022-04-01]. http://www.forestry.gov.cn/main/72/20190305/112852717424053.html.
[14] 国家林业和草原局 . 我国累计实施退耕还林还草 5.08 亿亩 [EB/OL][2022-04-01].http://www.forestry.gov.cn/main/72/20190905/154217255796166.html.
[15] 国家林业和草原局 . 加强草原生态修复 筑牢生态安全屏障——访国家林业和草原局草原管理司副司长刘加文 [EB/OL][2022-04-01].http://www.forestry.gov.cn/main/72/20181026/093146414949311.html.
[16] 国家林业和草原局 . 京津风沙源治理工程实施“科学绿化”——荒漠绿 百姓富 风景美 [EB/OL][2022-10-09].http://www.forestry.gov.cn/main/4173/20210616/125205560814131.html.
[17] 国家林业和草原局 . 我国沙化土地封禁保护面积达 166.38 万公

顷 [EB/OL][2022-10-09].http://www.forestry.gov.cn/main/72/20181127/093500013993667.html.

[18] 国家林业和草原局 .2017 年全国林业和草原发展统计公报 [R]. 北京：国家林业和草原局发展规划与资金管理司，2018.

[19] Mi X C, Feng G, Hu Y B, et al. The global significance of biodiversity science in China: an overview [J]. National Science Review, 2021, 8(7): 34-38.

[20] Huang G P, Ping X G, Xu W H, et al. Wildlife conservation and management in China: achievements, challenges and perspectives [J]. National Science Review, 2021, 8(7): 26-30.

[21] Ma T X, Hu Y S, Wang M, et al. Unity of nature and man: a new vision and conceptual framework for Post-2020 Global Biodiversity Framework[J]. National Science Review, 2021(7): 21-25.

[22] Tian D X, Xie Y, Barnosky A D, et al. Defining the balance point between conservation and development [J]. Conservation Biology, 2019, 33(2): 231-238.

[23] 张颖，李晓格，温亚利 . 碳达峰碳中和背景下中国森林碳汇潜力分析研究 [J]. 北京林业大学学报，2022，44(1)：38-47.

[24] 杨元合，石岳，孙文娟，等 . 中国及全球陆地生态系统碳源汇特征及其对碳中和的贡献 [J]. 中国科学：生命科学：2022, 52(4): 534-574.

[25] 孙文娟，黄耀，张稳，等. 农田土壤固碳潜力研究的关键科学问题 [J]. 地球科学进展，2008，23(9)：996-1004.

[26] 方精云，刘国华，徐嵩龄 . 中国陆地生态系统的碳循环及其全球意义 [M]// 王庚辰，温玉璞 . 温室气体浓度和排放监测及相关过程 . 北京：中国环境科学出版社，1996: 129-139.

[27] Cao M K, Tao B, Li K R, et al. Interannual variation in terrestrial ecosystem carbon fluxes in China from 1981 to 1988[J]. Acta Botanica Sinica, 2003, 45(5): 552-560.

[28] Cao M K, Prince S D, Li K R, et al. Response of terrestrial carbon uptake to climate interannual variability in China[J]. Global Change Biology, 2003, 9(4): 536-546.

[29] Mu Q Z, Zhao M S, Running S W, et al. Contribution of increasing CO_2 and climate change to the carbon cycle in China's ecosystems[J]. Journal of Geophysical Research: Biogeosciences, 2008, 113: (G1).

[30] Jiang F, Wang H W, Chen J M, et al. Nested atmospheric inversion for the terrestrial carbon sources and sinks in China [J]. Biogeosciences, 2013, 10(8): 5311-5324.

[31] Zhang H F, Chen B Z, Laan-Luijkx I T, et al. Net terrestrial CO_2 exchange over China during 2001–2010 estimated with an ensemble data assimilation system for atmospheric CO_2[J]. Journal of Geophysical Research: Atmospheres, 2014, 119(6): 3500-3515.

[32] Zhu X J, Yu G R, He H L, et al. Geographical statistical assessments of carbon fluxes in terrestrial ecosystems of China: results from upscaling network observations[J]. Global and

Planetary Change, 2014, 118: 52-61.

[33] Yang D, Zhang H, Liu Y, et al. Monitoring carbon dioxide from space: retrieval algorithm and flux inversion based on GOSAT data and using CarbonTracker-China[J]. Advance in Atmospheric Sciences, 2017, 34: 965-976.

[34] Yao Y T, Li Z J, Wang T, et al. A new estimation of China's net ecosystem productivity based on eddy covariance measurements and a model tree ensemble approach[J]. Agricultural and Forest Meteorology, 2018, 253-254: 84-93.

[35] He H L, Wang S Q, Zhang L, et al. Altered trends in carbon uptake in China's terrestrial ecosystems under the enhanced summer monsoon and warming hiatus[J]. National Sciences Review, 2019, 6(3): 505-514.

[36] Piao S L, Fang J Y, Ciais P, et al. The carbon balance of terrestrial ecosystems in China[J]. Nature, 2009, 458(7241): 1009-1013.

[37] Ge S D, Zhao S Q. Organic carbon storage change in China's urban landfills from 1978–2014[J]. Environmental Research Letters, 2017, 12(10): 104013.

[38] Tian H Q, Xu X F, Lu C Q, et al. Net exchanges of CO_2 , CH_4, and N_2O between China's terrestrial ecosystems and the atmosphere and their contributions to global climate warming[J]. Journal of Geophysical Research, 2011, 116: (G2).

[39] Ji J J, Huang M, Li K R. Prediction of carbon exchanges between

China terrestrial ecosystem and atmosphere in 21st century[J]. Science in China Series D: Earth Sciences, 2008, 51(6): 885-898.

[40] 国家发改委应对气候变化司 . 中华人民共和国气候变化初始国家信息通报 [R]. 北京：国家发改委，2004.

[41] 国家发改委应对气候变化司 . 中华人民共和国气候变化第二次国家信息通报 [R]. 北京：国家发改委，2012.

[42] 国家发改委应对气候变化司 . 中华人民共和国气候变化第一次两年更新报告 [R]. 北京：国家发改委，2017.

[43] 生态环境部应对气候变化司 . 中华人民共和国气候变化第三次国家信息通报 [R]. 北京：生态环境部，2018.

[44] 生态环境部应对气候变化司 . 中华人民共和国气候变化第二次两年更新报告 [R]. 北京：生态环境部，2018.

[45] Fang J Y, Guo Z D, Piao S L, et al. Terrestrial vegetation carbon sinks in China, 1981–2000[J]. Science in China Series D: Earth Sciences, 2007, 50(9): 1341-1350.

[46] Jiang F, Chen J M, Zhou L X, et al. A comprehensive estimate of recent carbon sinks in China using both top-down and bottom-up approaches[J]. Scientific Reports, 2016, 6(1): 22130.

[47] Fang J Y, Yu G R, Liu L L, et al. Climate change, human impacts, and carbon sequestration in China[J]. Proceedings of the National Academy of Sciences of the United States of America, 2018, 115(16): 4015-4020.

[48] Liu Y, Zhou Y, Ju W, et al. Impacts of droughts on carbon

sequestration by China's terrestrial ecosystems from 2000 to 2011[J]. Biogeosciences, 2014, 11(10): 2583-2599.

[49] 蔡兆男，成里京，李婷婷，等. 碳中和目标下的若干地球系统科学和技术问题分析 [J]. 中国科学院院刊，2021，36(5)：602-613.

[50] 李双成. 生态碳汇市场刍议 [J]. 当代贵州，2022(1)：79.

[51] 王国胜，孙涛，昝国盛，等. 陆地生态系统碳汇在实现“双碳”目标中的作用和建议 [J]. 中国地质调查，2021，8(4)：13-19.

[52] 赵宁，周蕾，庄杰，等. 中国陆地生态系统碳源/汇整合分析 [J]. 生态学报，2021，41(19)：7648-7658.

[53] 范振林，宋猛，刘智超. 发展生态碳汇市场助推实现“碳中和”[J]. 中国国土资源经济，2021，34(12)：12-21，69.

[54] 欧阳海龙，董实忠，高素娟. 以生态碳汇助推碳中和的武汉 NBS 实践路径 [J]. 长江技术经济，2021，5(4)：38-44.

作者简介

董战峰，研究员，博士生导师，现任生态环境部环境规划院生态环境管理与政策研究所所长、企业绿色治理中心主任等，国家社会科学基金重大项目首席专家。主要研究方向为生态环境规划与政策、“双碳”战略与政策。

毕粉粉，生态环境部环境规划院助理研究员，研究方向为环境经济与环境政策。

冀云卿，生态环境部环境规划院助理研究员，研究方向为环境管理与政策。

重大疾病病理机制、疾病间病理关联性及早期诊断策略是什么?

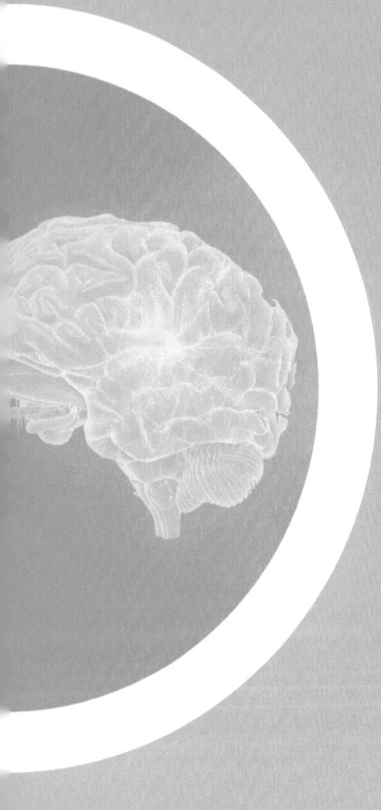

恶性肿瘤、心脑血管疾病、神经退行性疾病和精神病等重大疾病严重影响了患者及其家庭的工作和生活，同时带来了沉重的社会和经济负担。有哪些新方法能准确剖析这些重大疾病的病理机制及其间的病理关联性？如何制定准确、高效的早期诊断和治疗策略？如何更有效地减缓甚至阻止重大疾病的进程？

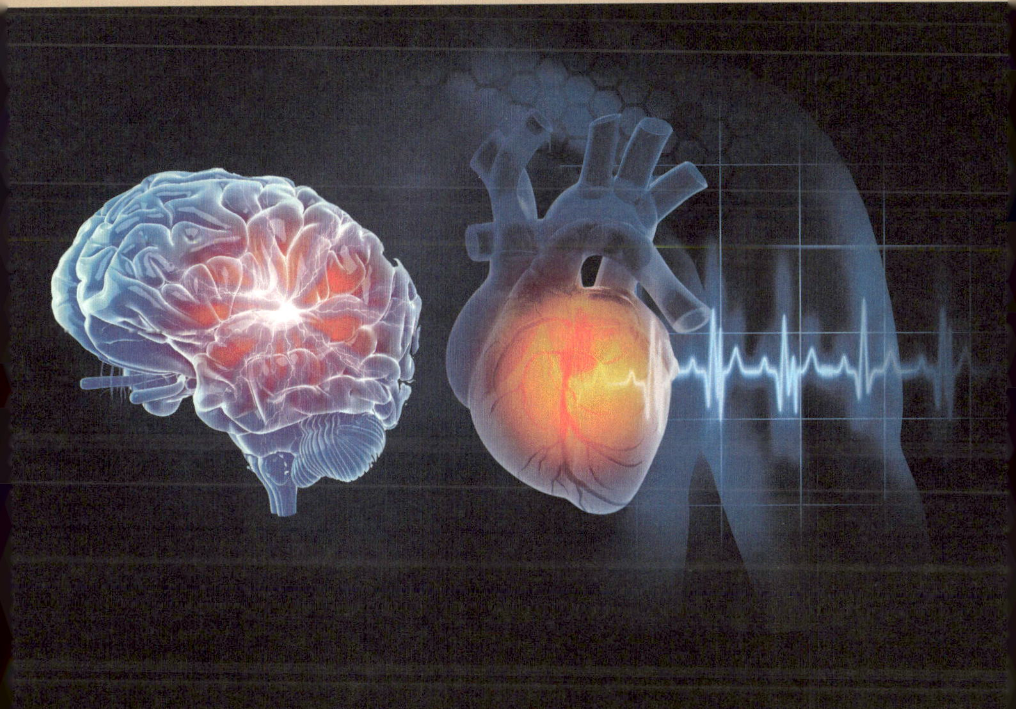

心脑血管共患疾病研究的新诠释

■ 赵继宗　王明泽

我国心脑血管疾病患病率逐年升高，在造成严重健康威胁和疾病负担的同时，产生了心脑血管共患疾病的新难题。心脑血管共患疾病具有相似的危险因素和病理生理改变，疾病演变过程高度相关，其预防措施和诊治方法具有共同的关键节点。本文结合心脑血管共患疾病的研究现状，诠释心脑血管疾病的病理机制、疾病间的病理关联性及早期诊断策略，展望“脑心同治”理念下心脑血管疾病临床管理创新发展的具体措施。

心脑血管疾病严重威胁人类安全和健康，具有高患病率、高致残率和高死亡率。心脑血管共患疾病具有相似的危险因素和病理生理改变，疾病演变过程高度相关，其预防措施和诊治方法具有共同的关键节点。当前，对于心脑血管共患疾病的解读大多是从单一学科、单一疾病的角度，尚缺乏系统性认识。解读心脑血管共患疾病的研究现状，寻找疾病间的病理关联性，进而制定早期诊断策略并开展“脑心同防同治”，将会成为未来十年心脑血管疾病防控的新任务。

一、心脑血管共患疾病临床研究的现状

心脑血管共患疾病指一组同时累及心血管与脑血管的相关疾病，具有相似的危险因素和病理生理改变，疾病演变过程高度相关。心脑动脉粥样硬化、心源性脑卒中和脑心综合征等疾病群从不同角度勾勒出心脑血管共患疾病的轮廓。

（一）心脑血管共患疾病的现状及趋势

心脑血管疾病是危害我国居民身体健康的首要病因。《中国心血管健康与疾病报告 2020》指出，我国心脑血管疾病现患人数 3.3 亿，其中患脑卒中的有 1300 万人，患冠心病的有 1139 万人，造成最昂贵的医疗花费和最高的病死率，严重影响我国居民的身体健康和期望寿命[1]。随着我国逐渐步入老龄化社会，非传染性慢性疾病群体已呈爆发性增长态势，心脑血管疾病的患病人数日益增多。防治心脑血管疾病成为保障人类健康的重中之重。

（二）心脑血管共患疾病的特点

心脑血管共患疾病是同时累及心、脑血管的一组疾病，具有心脑血管疾病的固有特征，如累及范围广、疾病危害巨大。同时又以疾病间病理生理改变相似、危险因素相同、疾病过程

高度相关、存在临床管理的共同关键节点为特点。

心脑血管系统是维持人体正常运行的基础。心脏推动血液经动脉—毛细血管—静脉途径向器官、组织供应氧气和各种营养物质，维持细胞正常的代谢和功能，其中 20% 流向脑血管，以维持人的基本生命活动和高级认知功能。心脑血管具有较高的结构相似性和功能相关性，因此心脑血管疾病一部分具有共同的致病因素、病理生理过程和发病危险因素；另一部分疾病的发病过程高度相关，甚至互为因果。

具有共同致病因素、病理生理过程和发病危险因素的一类心脑血管共患疾病属同源性疾病，以心、脑动脉粥样硬化为代表。这类疾病与脂代谢异常、高血压、糖尿病、吸烟、遗传、肥胖症等高危因素相关[2]。动脉粥样硬化是由血液中的脂质微粒在损伤的动脉内膜下沉积而形成的。病损局部可进一步生成血栓并积化、钙化，形成斑块，导致动脉管腔狭窄。斑块溃疡、脱落可阻塞下游动脉。动脉粥样硬化导致的动脉狭窄、栓塞可累及全身各个器官，导致供血区域的组织或器官缺血、坏死。冠状动脉（心肌滋养血管）粥样硬化可导致心肌缺血，进而诱发心绞痛、心肌梗死、心律失常甚至猝死；脑动脉粥样硬化可引起脑缺血萎缩、脑梗死，或形成动脉瘤进而破裂出血；肾动脉粥样硬化常引起顽固（肾动脉）性高血压，严重者可引发肾功能不全；肠系膜动脉粥样硬化严重时会导致肠壁坏死；下肢动脉粥样硬化可导致下肢麻木、肌肉萎缩，严重者可能导致坏疽。

发病过程高度相关，甚至互为因果的心脑血管共患疾病包括诱发脑卒中的心血管疾病和导致心功能异常的脑血管疾病。前者包括以心房颤动为代表的心脏电生理性疾病、以卵圆孔未闭为代表的心脏结构性疾病和以风湿性二尖瓣狭窄为代表的心脏瓣膜疾病。上述疾病可形成心源性栓子进入脑动脉系统造成不同程度的脑缺血、脑梗死。后者则以脑心综合征的一系列疾病为代表，如脑出血、蛛网膜下腔出血后的心律失常、急性冠状动脉综合征等。

心脑血管共患疾病的诊断、治疗等临床管理路径具有共同的关键节点。心脑血管共患疾病的诊断手段相仿，均可通过计算机体层摄影血管造影（computed tomographic angiography，CTA）进行疾病筛查诊断；依靠血管内介入技术开展冠状动脉造影和脑血管造影可确诊病变部位与严重程度。心脑血管共患疾病的治疗原则相似，在疾病早期以调整生活方式和使用药物治疗为主，药物包括降压药物、他汀类降脂药物、抗血小板药物和抗凝药物。药物治疗效果不佳者通常采用外科和介入手段恢复血管结构，包括血管旁路移植术（即搭桥术）和血管成形术，以及针对心脑血管原发疾病进行处理。

（三）现有心脑血管疾病专科诊疗模式的弊端

1. 心脑血管涉及多个学科，患者就医成本高

依照现行的专科治疗模式，脑血管疾病患者就诊于神经内科、神经外科，心血管疾病患者就诊于心血管内科、心血管外科。各专科医师的诊疗重心在于本学科的疾病，根据各自的业务专长给出独立的诊治意见，彼此之间缺乏应有的联系。当

前基于专科的独立诊疗模式难以从心脑血管的全局角度观察疾病，遗漏心脑血管共患疾病的潜在风险，不利于心脑血管共患疾病的个体化精准治疗，也容易造成医疗资源浪费。最为患者所诟病的是“为了确诊疾病，往往需要在多个专科门诊之间奔走，接受各种相似的检查，而谈到治疗方案，则是各专科医师各有说法”。随着生活方式的改变和疾病谱的变化，面对现代医学催生的微创理念技术、各种支架介入治疗、抗凝血和抗血小板以及降血脂疗法，患者显得无所适从。例如，患者患有冠状动脉狭窄合并脑血管狭窄，如果能对患者进行全身评估，就可以一次性地完成冠状动脉和脑血管的数字减影血管造影（digital subtraction angiography，DSA）检查，甚至可以一次性完成冠状动脉狭窄和脑动脉狭窄的介入治疗，减少反复手术操作给患者带来的痛苦和风险。2019 年 3 月，首都医科大学附

属北京天坛医院联合附属北京安贞医院成立了脑心共患疾病联合诊疗中心和脑心同治病房，开展了百余例心脑血管造影联合评估，成功实施 50 余台一站式心脑血管复合手术。

2. 心脑血管共患疾病的治疗原则可能相悖

例如，在冠状动脉狭窄合并脑动脉瘤的患者中，存在抗血小板抗凝治疗和止血治疗相悖的问题。如果相关科室的医师联合探讨个体化的诊疗方案，可降低治疗带来的风险，这对患者来说无疑获益更大。心脑血管疾病共患时，病情往往更严重，治疗起来更棘手，均需多个相关专业的医师联合制订方案。冠心病尤其是急性心肌梗死合并急性缺血性卒中时如何选择介入手术、溶栓或药物等治疗策略？如何决定冠状动脉和脑血管介入治疗的先后顺序？如何应用抗血小板药物、抗凝药物？更为棘手的是冠心病合并出血性卒中，冠状动脉支架术后患者发生出血性卒中，如何调整抗血小板药物？出血性卒中患者发生了冠状动脉狭窄如何选择治疗策略？卒中患者如何筛查心房颤动或卵圆孔未闭等心源性因素以及如何处理？目前对心脑血管共患疾病同治的相关研究较少，尚缺乏临床诊治指南和路径。

3. 心脑血管共患疾病位于专科结合部，诊疗责任不清晰

各级医疗、体检机构中无创影像检查普及，心脑血管疾病的检出率逐年增高，进而使心脑血管共患疾病成为重要问题。在心脑动脉粥样硬化的患者中，合并颅内动脉瘤的患者占比 2.3% ～ 7%[3, 4]。心脑血管疾病导致急性脑卒中的患者中，合并颅内动脉瘤的患者占比 3.0% ～ 6.8%[5-7]。这些病该不该治，

由哪个专科治疗，哪种病先治哪种病后治？对无症状心脑血管共患疾病人群缺乏联合风险评估和指导，造成患者沉重的精神负担。

心脑血管共患疾病带来的新问题以及心脑血管专科诊疗模式的弊端亟待解决，已经引起国际同行的重视。2008 年，日本全国脑心血管中心（National Cerebral and Cardiovascular Center，NCVC）提出“征服心脑血管疾病 10 年战略”[8]。2018年，在美国芝加哥召开的心脑研讨会（The Heart & Brain Symposium）上，与会专家提出“心血管造成的脑中风是个非常复杂的问题，需要心血管病学和脑血管病学的多（跨）学科的团队合作，讨论每例患者的具体情况，定制个体化治疗方案，并需要修改本专业临床指南”。2021 年，日本再次提出“脑血管与心血管疾病应对提升计划”[9]。

2022 年 1 月在新型冠状病毒肺炎（COVID-19）疫情的背景下，国家神经系统疾病临床医学研究中心受邀参加世界卒中组织（World Stroke Organization，WSO）召开的“脑心全球倡议启动会”（WSO BEAT Kick-off Meeting）线上启动会。美国、德国、墨西哥、巴西、中国、埃及、罗马尼亚和日本共 8 个国家参会，开展脑血管病及心脏病学临床和科研合作。我国的神经内科、神经外科、心血管内科、心血管外科、麻醉科以及重症医学科的专家参会，共同探讨复合手术及多学科诊疗模式、神经心脏病学建设现状、脑心共患疾病分类及发病机制、卵圆孔未闭的多情景诊疗方案和心脏外科在预防术后脑卒中的多措施联动等内容。

二、心脑血管疾病的病理机制与关联性

（一）心脑血管疾病的病理机制及关联性研究现状

心脑血管具有极高的解剖结构和功能相关性，心脑血管同时受累的日益常见，形成了新的健康挑战——心脑血管共患疾病。

心脑血管共患疾病系指脑和心脏两个器官同时患病的共同存在状态，是心脑血管疾病的重要类型，包括心脑血管性病、心源性脑卒中相关疾病和神经源性心脏疾病。心脑血管共患疾病概念的提出，得益于对心脑血管疾病发病机制和危险因素研究的深入，以及检查和围术期监护手段的发展。以脑卒中与冠心病为例，急性缺血性脑卒中患者住院期间的急性心肌梗死发生率约为 2%（211/9180），并存急性心肌梗死者一年后的死亡率高达 56%。患者发生急性脑梗死平均 8 天（6 ～ 11 天）后行冠状动脉造影检查，发现无冠心病病史的患者中有 26% 合并无症状性冠心病（冠状动脉狭窄 > 50%）。缺血性脑卒中也是急性心肌梗死的重要并发症，2% ～ 5% 的急性心肌梗死患者 1 年内发生缺血性脑卒中，其中 80% 发生在心肌梗死后 2 周内。有学者提出“脑心交互作用”（brain-heart interaction）[10] 和“脑心轴”（brain-heart axis）[11] 的概念，但产生机制与防治的临床路径尚不清楚。心脑共患疾病状态在心脑血管疾病患者中占有相当可观的比例。由于其心与脑共同受累的特点，临床决策更困难，治疗难度更高，临床预后更差，所需医疗资源投入更多。

目前，对于心脑血管共患疾病的认知大多源自心脑血管系统单一疾病。针对心脑血管共患疾病的病理机制、病理关联性的研究局限于部分具有代表性的疾病。对心脑血管共患疾病认知的局限性制约了早期诊断策略的制定，成为严重阻碍心脑血管疾病防治水平进一步提升的重大难题。

在各类心脑血管共患疾病中，动脉粥样硬化是最具代表性的疾病之一。动脉粥样硬化是心脑血管系统的常见疾病，是缺血性心脏病的最主要病因，也是缺血性卒中的常见病因之一。动脉粥样硬化是心脑血管共患疾病组中开展病理机制与关联性方面研究最深入的病种之一。动脉粥样硬化性心脑血管疾病（atherosclerosis cardiovascular and cerebrovascular disease，ASCVD）涵盖了从动脉粥样硬化引起的心脏和脑损害，到发生急性冠状动脉综合征、缺血性卒中等心脑血管临床事件的全病理过程；其主要危险因素都受遗传因素和环境因素的共同影响，基因变异、表观遗传改变、基因表达异常与信号通路紊乱等都参与了这个调节控制过程。2018 年我国居民心脑血管疾病（不含高血压）的患病率已达 6.19%，较 2008 年增加了 1.27 倍[12]，其中，ASCVD 的总体患病率约为 1.2%。在全球范围内颈动脉粥样硬化的患病人数在过去的 20 年中增加预估超过了 57%，当时预估 2020 年全球会有 27.6% 的人群存在颈内动脉内中膜增厚，21.1% 的人存在颈动脉斑块，1.5% 的人存在颈动脉狭窄[13]。根据中国国家脑卒中预防项目报告，我国 40 岁以上人群中颈动脉粥样硬化的总体患病率达 36.2%[14]。从出现 ASCVD 早期靶器官损害，再到出现 ASCVD 临床事件，常需要数年甚至数十年的时间；大动脉粥样硬化病因的卒中复发风险远高于其他病因类型，90 天内的复发率达 19.2%[15, 16]，其高死亡率和高致残率严重威胁我国居民的健康，大大降低了患者的生活质量，并带来沉重的经济负担。这意味着未来数十年内，ASCVD 的发病率仍有持续攀高的风险。以基因组学、蛋白质组学、代谢组学为代表的多组学研究方法较经典的病理学研究方法进一步推动了心、脑血管 ASCVD 病理机制及关联性的探索。

在基因组学方面，ASCVD 的发生发展受环境因素和遗传因素的复杂调控。一是，宏观、个体环境因素以及干预措施因素对 ASCVD 的影响贯穿 ASCVD 发生发展的全过程[17]。但国人环境暴露情况与西方人群存在较大差异，国人多种环境暴露的

模式和累积暴露量对 ASCVD 发生发展的影响证据有待完善；进一步基于长期大规模队列完善相关研究，有助于理解国内外人群 ASCVD 不同亚型发病率的差异，推进更适合国人的 ASCVD 相关预测模型构建。二是，已发现数万个影响 ASCVD 及其危险因素单核苷酸多态性（single nucleotide polymorphism，SNP）位点[18, 19]，但多基于欧洲裔人群。国内学者基于国人的研究发现了多个影响 ASCVD 危险因素和事件的东亚特异 SNP[20]，但仍存在较大研究空白，尤其是国人 ASCVD 不同亚型（如共病）以及 ASCVD 不良结局相关全基因组关联研究（genome-wide association study，GWAS）有待补充；发现 ASCVD 相关 SNP 及使用遗传风险评分（genetic risk score，GRS）综合计算 ASCVD 遗传易感性，有助于进一步完善国人 ASCVD 相关预测模型。三是，环境与遗传因素相互作用，共同调控 ASCVD 及其不同亚型的发生发展，基于国人特殊的环境暴露和遗传因素，探索遗传因素与环境因素交互作用，有利于识别特定环境暴露高敏感亚组，推进 ASCVD 精准防治。

蛋白质组学在分子生物学研究中起步较早，但在心脑血管共患疾病研究中开展有限。自从“蛋白质组学”一词于 1995 年首次出现以来，在过去的 20 多年中，该学科已经从早期的定性发展到半定量，再到定量，到现在可以描述复杂的蛋白质组用绝对定量[21-23]。2014 年，也就是人类基因组发表十多年后，第一张人类蛋白质组图谱发表，其中收录了由 17 294 个基因编码的蛋白质或肽[24]。蛋白质组学在生物医学研究中将像基因组学一样提供信息，甚至提供更多信息。心脑血管研究中的大多数生物标志物，如氨基末端脑钠肽前体（NT-proBNP）或心肌肌钙蛋白确实是肽或蛋白质，蛋白质组学为诊断和疾病管理提供信息的潜力是显而易见的[25]。对于心脑血管疾病与蛋白质组学的研究刚刚起步，有关研究的报道不多，但应用蛋白质组学研究心脑血管疾病必定是未来的趋势之一。

代谢组学是继基因组学和蛋白质组学之后发展起来的一门学科，是系统生物学的重要组成部分，已经成为研究心脑血管疾病一个强大的工具，有助于我们更好地理解该疾病的发生及发展，并且可发现新的心血管疾病生物标志物。代谢组指的是正在发生的情况，可以反映机体在环境及刺激下的表型。在传统代谢研究的基础上，目前发展出多组学（multi-omics）的平台，通过多组学间的相互作用分析，可以提供更客观、全面的观点。具有共同病理特点的心脑血管共患疾病，如心脑血管合患的动脉粥样硬化，是代谢组学研究的热点。代谢组学低浓度的特异性溶血磷脂酰胆碱（LPC）（16：0）与卒中复发显著相关，此外，其（20：4）也作为潜在的卒中复发生物标志物出现。特异性溶血磷脂酰胆碱增加了年龄、血压、临床特征、症状持续时间、糖尿病标度ABCD2和大动脉粥样硬化对中风复发的预测能力[26]。也有研究提示，急性缺血性脑卒中患者和40例健康对照组的血清样本组成的训练集采用气相层析-质谱（gas chromatography-mass spectrometry，GC-MS）和液相色谱-质谱法（liquid chromatography-mass spectroscopy，LC-MS）进行差异代谢物分析，5个代谢物包括丝氨酸、异亮氨酸、甜菜碱、PC（5：0/5：0）和LysoPE（18：2）组成的血清生物标志物能用于鉴别急性脑卒中患者[27]。以上研究均表明，关键的代谢因子在心脑血管疾病的发生及发展过程中有很好的预测、预警作用。代谢组学–环境交互作用研究为 ASCVD 精准风险预警及人群分层提供了重要依据。经典的预警模型（性别、年龄、胆固醇、血压、吸烟、心脑血管病史）未能涵盖代谢紊乱这一缺血性心肌病与缺血性脑卒中的重要病因。另外，关于动脉粥样硬化性心脑血管疾病发生、发展的致病通路研究多关注局部，关注因素的独立作用，证据呈碎片化。

多组学研究是众多疾病病理机制研究中的重要环节，在微观层面推动了人们对心脑血管疾病病理机制认识的进步。心脑血管共患疾病是同时累及脑和心脏两个器官的疾病共患状态，其病理机制的研究离不开实验室研究与临床研究，由临床与实验室共同形成的研究闭环更是实现最终成果转化和提升心脑血管疾病防治水平的必要条件。

（二）心脑血管共患疾病的病理机制研究存在的问题

1. 现有模型难于精准识别健康人群和早期亚临床病变人群困境

ASCVD 的发病机制复杂，受遗传因素和环境因素的共同影响。健康人群和病变早期人群无法通过传统流行病学问卷等方式鉴别，需要通过现代医学影像等技术明确诊断。

2. 现有研究暴露时间跨度短，质量有待提高

即使我国慢性疾病超大型队列研究纳入人数相对较多，但仍存在覆盖区域不足的问题，如大型城市的覆盖率不高；覆盖

人群的代表性不足：无法充分代表我国复杂的人群特点；暴露条件不足：缺乏高海拔、空气污染等特殊环境下的暴露人群；随访时间不足，目前我国 ASCVD 队列因环境因素导致疾病发生发展常需要长达 15 ～ 30 年的跨度，仅 5 ～ 10 年的随访无法充分解释环境与心脑血管疾病的交互作用与发生机制。

3. 导致疾病发生的分子机制不明确

新近研究发现，斑块破裂和糜烂所诱发的血栓形成是导致急性心血管事件（包括缺血性心肌病和缺血性脑卒中）的主要机制。既往传统大型队列研究仅通过环境暴露、遗传学研究等方案间接寻找疾病发生的分子机制，缺乏病理组织学标本等直接证据，无法进一步开展充分的多组学研究。

4. 疾病发生发展精准分层的困境

既往风险评估和预警模型采用的预测指标多为传统危险因素。近年来通过计算个体多基因风险评分（polygenic risk score, PRS），量化评估每个疾病易感位点的微小作用累积后的总效应。因此，PRS 不仅能对冠心病患者进行更精准的危险分层，还能更准确地指导冠心病多基因遗传高风险个体的治疗和预防，改善患者预后。但当前尚未形成符合我国人群特征的 ASCVD 发生发展相关 PRS 及精准分型。

三、心脑血管共患疾病的早期诊断策略

心脑血管共患疾病防治关口的前移，有赖于早期诊断策略

的明确。当前，对于心脑血管共患疾病的认识较为局限，其早期诊断策略大多由单一的心、脑血管疾病照搬而来。基于单一疾病的早期诊断策略并不能完全满足心脑血管共患疾病患者心脑血管疾病合并状态的诊断、评估和个体化治疗的需求。心脑血管共患疾病的早期诊断策略仍有待进一步探索。

心脑血管共患疾病早期诊断策略的探索是系统性的工程，需要经典方法与新技术相结合。尽管可以通过经典的实验室研究和临床研究方法探索发病机制与危险因素，逐步获得部分心脑血管共患疾病的早期诊断策略，但心脑血管共患疾病的发生、发展涉及诸多系统和因素，严重限制经典研究方法的推进效率，难以在短期内填补相关领域空白。近年来兴起的大数据和人工智能（artificial intelligence, AI）技术是处理海量数据与应对复杂相关性问题的利器。建立大数据心脑血管共患疾病全息数据库，在人工智能技术辅助下开展代表性疾病的临床诊疗路径探索和发病机制的多组学研究是新时代探索心脑血管共患疾病早期诊断策略的新路径。

（一）大数据是推动心脑血管共患疾病早期诊断策略探索的基石

心脑血管共患疾病大数据技术是开展高效研究的基础，能够按照通用标准将医疗记录进行结构化转换，形成可用于存储、提取和分析研究的医疗数据，将此类疾病患病人群广、影响因素多的困难挑战转化为研究机遇。当前尚无以心脑血管共患疾病防治为目的而构建的数据库，国内外存在已建成的或正在建设中的涵盖心脑血管疾病的大规模数据库。国外对于心脑血管疾病的数据库建设起步较早，形成了比较完善的运行机制，且积累了大量的专病数据。具有代表性的是 2003 年由美国心脏协会（American Heart Association，AHA）、美国卒中协会（American stroke Association，ASA）联合发起的“跟着指南走”（Get with the Guidelines，GWTG）项目，专病病种包括脑卒中、心力衰竭、心肺复苏、心房颤动、冠状动脉疾病，旨在提高遵循治疗指南的依从性，以改善医疗质量，全美共有 2000 余家医院参与，部分参与单位于 2019 年 10 月起公布数据。此外，还有美国心脏病学会（American College of Cardiology，ACC）于 1997 年发起的国家心血管数据注册（National Cardiovascular Data Registry，NCDR）研究，针对包括急性冠状动脉综合征、颈动脉血管重建术及内膜切除术、经皮冠状动脉介入、植入型心律转复除颤器及导线、儿童及成人先天性心脏病治疗术、冠心病、高血压、心力衰竭及心房颤动的门诊患者、经导管瓣膜术等专病。国内于 1995 年由北京市脑血管病防治办公室牵头开展了一批覆盖北京 7 家大型医院参与的多中心卒中临床数据库，以及成都华西医院卒中登记项目等，但此类数据库由于没有统一的诊断标准与质量控制等，存在应用局限。国内具有代表性的是“十三五”期间由国家神经系统疾病临床医学研究中心及首都医科大学附属北京天坛医院牵头建立的中国国家卒中数据库，旨在持续改善中国的卒中管理质量。截至 2021 年 12 月，已建立了超过 1.5 万人的脑血管病精准队列，基线收集了超过 5000 个临床表型、高分辨影像和组学数据，并进行长期随访，建立了数据共享的机制和软硬件平台。该数据库还致力于建立缺血性脑血管病复发的个体化、准确的早期预警模型，评估医疗服务状况和社会经济效益。自该数据库建立以来，研究人员陆续在学术会议及期刊上发表了卒中发病、诊疗、预后等多方面的报道[28-31]。该数据库覆盖面广，是目前中国在该领域最大的数据库。以卒中数据库为蓝本建立的心脑血管共患疾病和其他心脑血管疾病的大数据仓库将成为探索心脑血管共患疾病病理机制、疾病关联性、早期诊断策略、临床治疗策略和康复策略的基石。

（二）人工智能技术是心脑血管共患疾病早期诊疗策略探索的加速器

基于医学影像和临床信息大数据的人工智能系统是提升心脑血管共患疾病研究与临床防治效率的重要工具。人工智能技术能够充分激发大数据在心脑血管共患疾病探索中的能力，通过结合动态的临床信息、影像信息和多组学信息提升大数据维度，在心脑血管共患疾病的病理机制、疾病相关性和临床诊治等多个方面获得相关性的提示。当前，人工智能影像系统可自动识别的疾病包括狭窄性血管病、斑块和脑动脉瘤。针对心脑共患疾病，Shahzad 等[32]和 Coenen[27]率先初步构建了可以识别冠状动脉和颈动脉钙化程度与斑块大小的人工智能影像系统，提示人工智能技术辅助进行心脑血管共患疾病诊断具有可行性。人工智能技术和大数据的赋能将突破心脑血管疾病横断面式的诊断模式。结合有动态个人生活数据、临床信息、多模态医学影像信息甚至多组学生物标志物信息的人工智能系统，使得心脑血管系统联合评价、早期诊断和疾病转归预测成为可能。国内开展心脑血管人工智能识别的主要单位包括首都医科大学附属北京天坛医院和首都医科大学宣武医院。首都医科大学宣武医院的人工智能自动处理系统可以快速处理 CTA 影像数据，有效提升心脑血管疾病的诊断效率[30]。基于该工作基础，该研究团队进一步揭示头颈部血管钙化程度可用于预测冠状动脉狭窄程度。首都医科大学附属北京天坛医院开发的人工智能系统集中于颅内病变，可自动识别颅内动脉瘤和脑动静脉畸形，可预测脑出血早期血肿扩大风险[29, 33, 34]。当前针对心脑血管影像的人工智能系统研究提示了将此类方法用于心脑血管共患疾病早期诊断和疾病病理机制研究的可行性。随着大型数据仓库的建立，人工智能系统将有效赋能心脑血管共患疾病的临床和基础研究探索。

（三）基础与临床研究结合形成心脑血管共患疾病早期诊断策略的完整拼图

心脑血管共患疾病多组学研究的主要目标不限于阐明疾病病理机制和病理关联性，最终目标是获得疾病筛查、评价和治疗的关键生物学标志物及干预靶点，从而实现由实验室到临床的闭环。

在心脑血管疾病的多组学探索中，较为“年轻”的代谢组学被寄予厚望。代谢异常被认为是心脑血管共患疾病的重要表现，Kuwabara[9] 在日本心脑血管共患疾病战略计划中曾指出，代谢组学能为心脑血管共患疾病的诊断和治疗提供新的方向。具有共同病理特点的心脑血管共患疾病，如心脑血管合患的动脉粥样硬化，是代谢组学研究的热点。国内对心脑血管共患疾病的代谢机制研究较分散，包括 Pearlman 等[35]提出，糖蛋白代谢（如 β-葡聚糖）可以诱导血管局部的炎症细胞浸润，促进血管平滑肌细胞的细胞凋亡过程导致动脉粥样硬化性疾病；周恩臣等[36]提出，脂质代谢（如甘油三酯及其氧化物）可以通过作用于膜联蛋白家族，进而影响心脑血管系统和免疫系统等，在血管壁内诱导慢性炎症，导致脂质沉积和血管壁结构重构等粥样硬化相关病理生理过程；孙晓丽和朱毅[37]提出，在异常脂代谢和血流应力的联合作用下，血管局部会产生难以修复的病理性损伤，这可能是血管粥样硬化疾病的重要发生基础。国内外对心脑血管疾病代谢相关发病机制的认识较为零散，尚未形成整体性的论述、理论或假说。深入探讨心脑血管共患疾病患者的代谢组学特点，挖掘可能的相关代谢通路，并结合基因组学、蛋白质组学的相关研究，对于开发新的风险预测指标、制定早期诊断策略和新型治疗方法具有重要意义。

肠道菌群对动脉粥样硬化发生发展的影响是心脑血管疾病基础研究的另一热点，是代谢组学研究的延伸。在动物实验中，磷脂酰胆碱摄入后转化形成的胆碱、三甲胺 -N- 氧化物（TMAO）和甜菜碱等产物与动脉粥样硬化进展相关[38]。在基于临床人群的研究中，健康对照组摄入磷脂酰胆碱饮食后，通过抗生素调整肠道菌群可以观察到血浆中 TMAO 水平的显著变化；而在冠状动脉粥样硬化患者中，血浆中的 TMAO 水平与心血管事件呈正相关性[39]。对肠道菌群进行宏基因组测序的研究结果显示，柯林斯菌属菌群在症状性动脉粥样硬化（颈动脉粥样硬化斑块狭窄导致脑血管事件）患者肠道中富集，罗氏菌属和真细菌菌群则在健康人群肠道中富集[40]。中国人民解放军总医院与广东省人民医院的联合团队通过对 218 例临床患者的研究[41]，提出患者的肠杆菌、口腔来源菌（如链球菌）与梭菌等微生物的丰度增加明显，抑制益生菌的富集；链球菌丰度变化与血压显著正相关，肠杆菌科丰度变化与心肌相关指标正相关；同时基于 47 个肠道微生物的中国动脉粥样硬化患者风险预测模型，为动脉粥样硬化的一、二级预防和临床高危患者筛查提出了新思路。

临床研究是发现心脑血管共患疾病相关因素、明确诊疗关键技术和临床路径的主要途径，对于提升疾病的早期筛查、预防水平具有重要意义，也是提出基础研究课题、实现实验室成果转化的必要环节。心脑血管共患疾病中，疾病合患状态的早期诊断策略和临床管理策略是神经与心血管领域共同面对的难题。在缺乏循证医学证据指导的情况下，国内外针对心脑血管共患疾病通常从单一专业角度出发，分别开展心血管病和脑血管病早期诊断与临床管理的相关研究。在过去的 10 年间，国内建立了数个区域性的慢性疾病超大型专病队列、人群队列和社区队列，研究纳入人数相对较多，但仍存在诸多局限性，如覆盖人群的代表性不足，无法充分代表我国复杂的人群特点；暴露条件不足，缺乏高海拔、空气污染等特殊环境下的暴露人群；随访时间不足，如心脑血管疾病的病理改变过程通常长达

15～30年，现有队列的5～10年随访无法充分解释环境与心脑血管疾病的交互作用与发生机制。针对单一专业视角的临床研究结果亦不能充分满足心脑血管共患疾病的早期诊断和临床管理需求。针对心脑血管共患疾病二级预防的难题[42]，首都医科大学附属北京天坛医院依托国家神经系统疾病临床医学研究中心在国内率先开展了心脑血管共患疾病的诊治工作，包括打破学科壁垒成立脑心同治门诊，协调资源开展心脑血管一站式计算机断层扫描（CT）检查和复合手术心脑联合诊疗等工作，并依托科技部“十四五”常见多发病防治项目开展临床研究，探索心脑血管共患疾病的早期诊断策略和临床管理路径。在大数据、人工智能等新技术的赋能下，心脑血管共患疾病的临床研究必将在不远的将来产出丰硕成果，形成提升疾病二级预防水平的重要临床工具。

四、心脑血管共患疾病“五同”临床研究

（一）“五同”临床研究的理念

随着现代医学的迅猛发展，心脑血管共患疾病呈现出新的变化，目前的医疗模式已经不再适应这种变化。为了克服当前心脑血管共患疾病诊治中出现的新问题，有关专家提出“脑心同治”（dual diagnosis treatment of cerebral-cardiovascular diseases）的理念。心脑血管共患疾病“五同”临床研究，是以心、脑两个重要器官血管疾病为核心，通过学科交叉，建

立“脑心同治、脑心同研、脑心同防、脑心同康、中西医同用”（“五同”）的工作体系（图 1），制定临床诊疗指南和技术规范，准确剖析心脑血管共患重大疾病的病理机制及其间的病理关联性，并制定准确、高效的早期诊断和治疗策略，更有效地减缓甚至阻止重大疾病的发展进程。

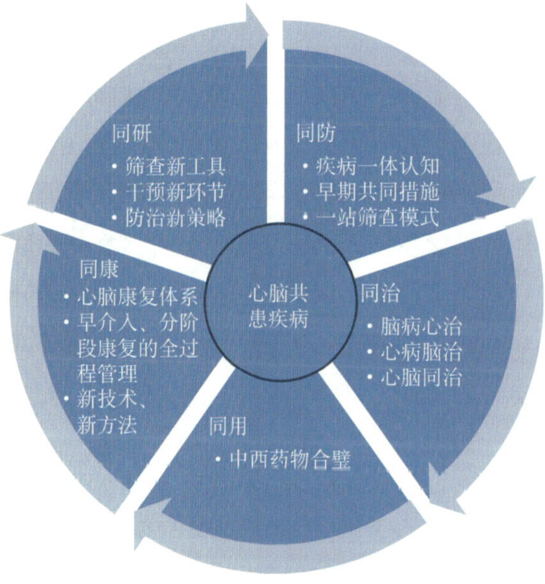

图1 “五同”的基本内容

以治未病为突破口，通过早期筛查及综合干预这一体系化手段，实现潜在风险人群的趋势诊断、日常干预，切实提升心脑血管共患疾病的统筹防治能力，提升这一领域的诊疗效果和效率，降低病死率，降低医疗成本，减轻群众就医负担，开拓跨学科临床实践和科研探索的新道路。

（二）“五同”临床研究方案

1. 心脑血管共患疾病“同防”

心脑血管共患疾病有共同的危险因素，无论是一级预防还是二级预防，心脑血管共患疾病的一、二级预防措施基本相同，积极开展心脑血管共患疾病预防全民教育，对脑心同治更为高效。

高血压、高血糖、高脂血症、吸烟、饮酒等心脑血管疾病危险因素在我国居民中十分常见，而针对心脑血管疾病的基础预防措施不足。建立心脑血管疾病风险人群及已患病人群的查、治、管一体化医疗新模式，建立心脑血管共患疾病联合预防机制，实施心脑血管共患疾病联合防控策略和措施；开展心脑血管共患疾病高危人群筛查和干预。为体检和健康管理机构提供心脑血管疾病致病风险因素的筛查、患病风险评估的技术指导。提高体检机构对冠心病、心律失常、脑动脉瘤、脑动脉狭窄等常见心脑血管共患疾病的筛查，筛查结果由专科医师指导处理意见[43]。

2. 心脑血管共患疾病“同研”

心、脑血管同属于循环系统，两者在宏观结构上相连相通，在微观构成上相近。高血压、糖尿病和动脉粥样硬化是心脑血管疾病的共同病理变化基础，是心脑血管共患疾病的主要病因。应针对心脑血管共患疾病开展“同研”，由心脑临床专科医师与基础研究团队联合，依托专家和医院网络，建立大规模数据平台，开展心脑血管共患疾病重点领域高质量的临床研究，加强具有产业化前景的产品和创新药物研发。

3. 心脑血管共患疾病“同治”

心脑血管共患疾病“同治”的基础是疾病解剖结构相通、病理生理改变相近、疾病过程高度相关。不同共患情况适用的“同治”策略不同，可概括为脑病心治、心病脑治、心脑同治。

（1）脑病心治。脑病心治的基础是心脑血管疾病的发病高度相关。最为典型的是心房颤动、卵圆孔未闭和心房黏液瘤合并脑动脉瘤。

一是心房颤动（atrial fibrillation）。这是老年人常见的一种心律失常。我国 30 ～ 85 岁人群的心房颤动患病率达 0.77%，80 岁以上人群的患病率达 30%[44]。心房颤动会引起心源性脑卒中。心房颤动时，心房有效收缩，功能丧失，血液形成湍流进而形成附壁血栓，血栓脱落造成脑梗死或体循环栓塞，心房颤动患者脑卒中的总体发生风险是无心房颤动人群的 5 倍。心房颤动导致脑卒中一年致残率高于 50%，死亡率超过 1/3，脑卒中复发率高于 30%。应定期对高风险人群进行筛查，早诊断，早治疗，规范抗凝治疗。预防心房颤动相关脑卒中已经成为心脑同治的重要内容。心房颤动患者的脑卒中预防领域亟待共同解决的问题包括：①心房颤动患者脑卒中和出血风险评估预测模型的优化；②特殊心房颤动人群的抗凝治疗问题；③心房颤动负荷、亚临床心房颤动、心房心肌病与脑卒中的关系及其抗凝治疗策略。另外，消融联合左心耳封堵一站式治疗策略的远期疗效和安全性仍需多中心大样本临床研究的证实[45]。

二是卵圆孔未闭（patent foramen ovale，PFO）。成年人卵圆孔不完全闭合的占 20% ～ 25%。卵圆孔未闭与隐源性脑卒中显著相关，隐源性脑卒中患者合并卵圆孔未闭高达 40% ～ 50%，常见于中青年。患者可表现为短暂性脑缺血发作（transient ischemic attack，TIA）、晕厥、发作性肢体无力，少数患者会出现脊髓梗死，罕见患者合并脑梗死后出血。卵圆孔未闭封堵术对脑卒中二级预防、减少脑卒中复发的疗效已经得到证实。对已经发生过脑栓塞的患者，即使卵圆孔未闭的封堵很成功，仍有再次发生脑栓塞事件的风险，因此需终身抗凝治疗[44]。对于不明原因脑卒中高危的卵圆孔未闭患者，即存在大量右向左分流或合并房间隔瘤，建议行卵圆孔未闭封堵术。对于药物治疗无效的、严重的先兆型偏头痛患者，若经食管超声心动图证实卵圆孔未闭直径不小于 2 毫米，存在大量右向左分流而有微栓塞风险，建议采取卵圆孔未闭封堵术治疗。但对于脑卒中低危的卵圆孔未闭患者，是否也适合封堵术治疗，目前尚无明确证据。60 岁以上患者发生静脉血栓的风险更高、睡眠呼吸暂停发生率更高、合并卵圆孔未闭时分流更加明显，这些均增加了卵圆孔未闭并不明原因脑卒中的可能性；同时 60 岁以上的老年人发生封堵器相关心房颤动的可能性更大。因此，进一步研究卵圆孔未闭封堵术对 60 岁以上患者的疗效迫在眉睫[44]。由神经内科和心血管内科共同评估卵圆孔未闭引起的脑卒中的风险，决定卵圆孔未闭患者是否采取封堵术或药物治疗很有必要。

三是心房黏液瘤（atrial myxoma）合并脑动脉瘤。心房黏液瘤起源于心内膜下层具有多向分化潜能的间质细胞和仿原始细胞间质，是最常见的心脏原发性良性肿瘤，可能合并脑动脉瘤、海绵状血管畸形等脑血管疾病。心房黏液瘤一经诊断应尽早手术切除，避免造成脑栓塞。心房黏液瘤患者行黏液瘤摘除术后，心房黏液瘤细胞脱落，可能发生迟发性多发性脑动脉瘤，术前及术后应定期行头部影像学及脑血管造影检查，及时发现动脉瘤予以处理。

这一类疾病的原发病在于心脏功能或结构的异常，但却能够引发血栓、瘤栓造成心源性卒中或其他继发性脑损害的疾病。对于此类高心源性卒中风险的疾病，经过对心脑血管一体化的综合评估，选择恰当的治疗手段治疗心脏原发疾病，将有效兼顾治疗的心脑血管风险，改善患者的功能预后。

（2）心病脑治。心病脑治的基础是“脑-心轴”或“脑心交互作用”，主要通过下丘脑-垂体-肾上腺轴、交感和副交感神经系统、免疫应答等途径影响心脏功能，其中以卒中后的神经心源性综合征最为典型[40]，包括卒中后的缺血性和非缺血性急性心肌损伤，急性心肌梗死，左心室功能障碍、心力衰竭和Takotsubo综合征（应激性心肌病），心房颤动等心电图改变和心律失常，神经源性心脏性猝死。中枢神经系统疾病导致的心脏功能异常和心脏疾病处于神经病学与心血管病学的交界地带，尚未获得临床医生（尤其是神经科医生）的充分重视。心病脑治须依靠心脑血管一体化的评估、诊疗体系，既需要神经科医生对神经系统原发疾病及其继发损害的充分预防，又需要心血管病医生对心脏相关并发症的对症处理。这种密切配合不仅需要神经科医生与心血管病医生的深度协作，甚至需要集神经外科重症监护病房（NICU）和冠心病监护病房（CCU）功能的融合型重症医学平台的支持。

（3）心脑同治。心脑同治基于心脑血管共患疾病的解剖和病理生理相关性，利用一站式复合手术技术完成同时累及心脑血管系统的多处病变治疗[47]。典型情况包括心脑血管的多发动脉粥样硬化性狭窄、多发夹层动脉瘤、冠状动脉粥样硬化性狭窄合并颅内动脉瘤，以及“脑病心治”“心病脑治”中需要心脑联合治疗的情况。

一是多发动脉粥样硬化性狭窄。临床上以冠状动脉狭窄合并颅颈动脉狭窄最为多见，由心脑动脉粥样硬化斑块形成伴血栓形成、钙化所致。冠状动脉狭窄及其造成的心功能障碍通常会对脑血管狭窄相关的手术安全产生影响。在“心脑同治”的框架下，脑动脉狭窄合并冠状动脉狭窄可一站式完成，如同时完成冠状动脉和脑动脉的支架置入或外科手术搭桥，甚至同期开展主动脉弓置换，手术前和手术后抗凝治疗一致。

二是多发夹层动脉瘤。夹层动脉瘤（dissecting aneurysm）系指由各种原因造成的动脉壁内膜破裂，血流进入动脉壁内，导致血管壁分层，剥离的内膜片分隔形成双腔动脉。夹层动脉瘤可以发生在主动脉弓、腹主动脉、椎基底动脉和颈内动脉。神经科和心血管科专家共同研究夹层动脉瘤的发病机制，可望取得突破性进展。

三是冠状动脉粥样硬化性狭窄合并颅内动脉瘤。在复合手术室一次完成冠状动脉支架 + 脑动脉瘤栓塞术，手术前和手术后抗凝治疗一致。如果脑动脉瘤不适宜介入栓塞治疗，应该先完成开颅手术夹闭脑动脉瘤，再行冠状动脉支架植入，避免冠状动脉支架植入后抗凝治疗增加脑动脉瘤破裂出血的风险。

4. 心脑血管共患疾病“同康”

建立心脑血管共患疾病的三级康复网络与信息管理平台，借助“互联网 +”平台，实现统一的标准化评价体系和质量控制体系。强化康复服务，实施早介入、分阶段康复的全程管理。开展心脑同康新技术研究和心脑同康评估与监测方法研究。

5. 心脑血管共患疾病中西医“同用”

发挥中医治未病优势，让其在心脑血管共患疾病的预防和早诊早治方面发挥作用。开展中西医（药）联合诊疗心脑血管共患疾病，提高诊疗水平，降低心脑血管共患疾病的致死率、致残率。

（三）学科创新

联合心血管和脑血管各相关专业专家，神经内外科学、胸心血管内外科从事心脑血管疾病防治的专家共同携手合作，打破学科界限，创建心脑血管共患疾病新学科。同时，加强复合型人才培养，为推动学科发展培养新生力量。

五、结语

心脑血管共患疾病是心脑血管疾病防治面临的重大问题。

尽管在过去半个世纪，人们对心脑血管疾病的病理机制进行了较为全面的探索，但对心脑血管系统疾病合患的情况仍然缺乏全面的认知，其复杂的病理机制和疾病关联性尚未揭示，缺乏在疾病防治过程中切实可行的早期诊断策略和临床管理方案。因此，开展心脑血管共患疾病的临床与基础研究迫在眉睫，是进一步提高心脑血管疾病防治水平过程中的必答题，是提升重大疾病早诊早治能力、促进人民健康水平提高的必选项，是打通学科壁垒、统筹卫生资源、调整优化健康服务体系的大胆创新。在开展心脑血管共患疾病攻关的过程中，利用大数据、人工智能等新技术赋能临床研究与基础研究将有效推动疾病研究模式的进步，包括：①带动数字化健康医疗大数据深度融合，通过大数据和人工智能技术为重大疾病的基层防控赋能，推动慢性疾病防控信息的数字化转型；②推动重大疾病的分级诊疗模式建设，以心脑血管疾病为试点，推动重点覆盖一、二级预防的立体化分级诊疗网络构建，推进慢性疾病防、治、管整体融合发展；③推动以临床实践为导向的新学科建设，逐步消除固有学科观点，通过多学科诊疗常态化为融合性的新学科建设赋能，提升医疗资源的整合效率和临床医学的实践属性。

聚焦心脑血管共患疾病病理机制、疾病间病理关联性与早期诊断策略等科学问题，破解病理机制及其间的病理关联性，并制定准确、高效的早期诊断和治疗心脑血管共患疾病的临床路径，提高心脑血管共患疾病的诊治水平，这是临床医学研究努力的方向。

参考文献

[1] 国家心血管病中心．中国心血管健康与疾病报告 2020[J]. 心肺血管病杂志，2021，40(9)：885-889.

[2] 赵继宗，郭彩霞．破楚汉界，立新学科——谈谈“脑心同治”[J]. 中华医学杂志，2019，99(39)：3041-3042.

[3] Radak D, Sotirovic V, Tanaskovic S, et al. Intracranial aneurysms in patients with carotid disease: not so rare as wc think[J]. Angiology, 2014, 65(1): 12-16.

[4] Hurford R, Taveira I, Kuker W, et al. Prevalence, predictors and prognosis of incidental intracranial aneurysms in patients with suspected TIA and minor stroke: a population-based study and systematic review[J]. Journal of Neurology, Neurosurgery and Psychiatry, 2021, 92(5): 542-548.

[5] Goyal N, Tsivgoulis G, Zand R, et al. Systemic thrombolysis in acute ischemic stroke patients with unruptured intracranial aneurysms[J]. Neurology, 2015, 85(17): 1452-1458.

[6] Virta J J, Strbian D, Putaala J, et al. Risk of aneurysm rupture after thrombolysis in patients with acute ischemic stroke and unruptured intracranial aneurysms[J]. Neurology, 2021, 97(18): e1790-e1798.

[7] Wu X, Duan Z W, Liu Y H, et al. Incidental unruptured intracranial aneurysms do not impact outcome in patients with acute cerebral infarction[J]. Frontiers in Neurology, 2021, 12: 613027.

[8] Kitamura S. A 10-year strategy for cardiovascular diseases[J]. Japanese Journal of National Medical Services, 2008, 62(3): 121-123.

[9] Kuwabara M, Mori M, Komoto S. Japanese national plan for promotion of measures against cerebrovascular and cardiovascular disease[J]. Circulation, 2021, 143(20): 1929-1931.

[10] Chen Z L, Venkat P, Seyfried D, et al. Brain-heart interaction: cardiac complications after stroke[J]. Circulation Research, 2017, 121(4): 451-468.

[11] Tahsili-Fahadan P, Geocadin R G. Heart-brain axis: effects of neurologic injury on cardiovascular function[J]. Circulation Research, 2017, 120(3): 559-572.

[12] 国家卫生健康委员会 . 中国卫生健康统计年鉴 2020[M]. 北京：中国协和医科大学出版社，2020.

[13] Larsson S C, Gill D. Association of serum magnesium levels with risk of intracranial aneurysm: a mendelian randomization study[J]. Neurology, 2021, 97(4): e341-e344.

[14] 胡盛寿，高润霖，刘力生，等 .《中国心血管病报告 2018》概要 [J]. 中国循环杂志，2019, 34(3)：209-220.

[15] Lovett J K, Coull A J, Rothwell P M. Early risk of recurrence by subtype of ischemic stroke in population-based incidence studies[J]. Neurology, 2004, 62(4): 569-573.

[16] Liu L, Wong K S, Leng X, et al. Dual antiplatelet therapy in stroke and ICAS: subgroup analysis of CHANCE[J]. Neurology, 2015,

85(13): 1154-1162.

[17] Hadley M B, Vedanthan R, Fuster V. Air pollution and cardiovascular disease: a window of opportunity[J]. Nature Reviews Cardiology, 2018, 15(4): 193-194.

[18] Giri A, Hellwege J N, Keaton J M, et al. Trans-ethnic association study of blood pressure determinants in over 750,000 individuals[J]. Nature Genetics, 2019, 51(1): 51-62.

[19] Ehret G B, Munroe P B, Rice K M, et al. Genetic variants in novel pathways influence blood pressure and cardiovascular disease risk[J]. Nature, 2011, 478(7367): 103-109.

[20] Lu X F, Peloso G M, Liu D J, et al. Exome chip meta-analysis identifies novel loci and East Asian-specific coding variants that contribute to lipid levels and coronary artery disease[J]. Nature Genetics, 2017, 49(12): 1722-1730.

[21] Anderson N G, Anderson N L. Twenty years of two dimensional electrophoresis: past, present and future[J]. Electrophoresis, 1996, 17(3): 443-453.

[22] Wilkins M R, Sanchez J C, Gooley A A, et al. Progress with proteome projects: why all proteins expressed by a genome should be identified and how to do it[J]. Biotechnology and Genetic Engineering Reviews, 1996, 13(1): 19-50.

[23] Wasinger V C, Cordwell S J, Cerpa-Poljak A, et al. Progress with gene-product mapping of the *Mollicutes*: mycoplasma

genitalium[J]. Electrophoresis, 1995, 16(7): 1090-1094.

[24] Kim M S, Pinto S M, Getnet D, et al. A draft map of the human proteome[J]. Nature, 2014, 509(7502): 575-581.

[25] Lindsey M L, Mayr M, Gomes A V, et al. Transformative impact of proteomics on cardiovascular health and disease: a scientific statement from the American Heart Association[J]. Circulation, 2015, 132(9): 852-872.

[26] Jové M, Mauri-Capdevila G, Suárez I, et al. Metabolomics predicts stroke recurrence after transient ischemic attack[J]. Neurology, 2015, 84(1): 36-45.

[27] Coenen A, Kim Y H, Kruk M, et al. Diagnostic accuracy of a machine-learning approach to coronary computed tomographic angiography-based fractional flow reserve: result from the machine consortium[J]. Circulation: Cardiovascular Imaging, 2018, 11(6): e007217.

[28] Wang Y, Jing J, Pan Y S, et al. Distribution and prognosis of acute ischaemic stroke with negative diffusion-weighted imaging[J]. Stroke and Vascular Neurology, 2022.

[29] Jiao Y M, Zhang J Z, Zhao Q, et al. Machine learning-enabled determination of diffuseness of brain arteriovenous malformations from magnetic resonance angiography[J]. Translational Stroke Research, 2021.

[30] Fu F, Wei J, Zhang M, et al. Rapid vessel segmentation and

reconstruction of head and neck angiograms using 3D convolutional neural network[J]. Nature Communication, 2020, 11(1): 4829.

[31] Xu J, Zhang X, Jin A, et al. Trends and risk factors associated with stroke recurrence in China, 2007−2018[J]. JAMA Network Open, 2022, 5(6): e2216341.

[32] Shahzad R, Van Walsum T, Schaap M, et al. Vessel specific coronary artery calcium scoring: an automatic system[J]. Academic Radiology, 2013, 20(1): 1-9.

[33] Teng L Y, Ren Q W, Zhang P Y, et al. Artificial intelligence can effectively predict early hematoma expansion of intracerebral hemorrhage analyzing noncontrast computed tomography image[J]. Frontiers in Aging Neuroscience, 2021, 13: 632138.

[34] Liu X K, Feng J Q, Wu Z Z, et al. Deep neural network-based detection and segmentation of intracranial aneurysms on 3D rotational DSA[J]. Interventional Neuroradiology, 2021, 27(5): 648-657.

[35] Pearlman D M, Brown J R, MacKenzie T A, et al. Blood levels of S-100 calcium-binding protein B, high-sensitivity C-reactive protein, and interleukin-6 for changes in depressive symptom severity after coronary artery bypass grafting: prospective cohort nested within a randomized, controlled trial[J]. PLoS One, 2014, 9(10): e111110.

[36] 周恩臣，黄子成，潘兵，等 . 2 型糖尿病高密度脂蛋白影响血

管内皮细胞代谢网络的分子机制研究 [J]. 中国病理生理杂志，2015, (10)：1828.

[37] 孙晓丽，朱毅 . 细胞膜脂筏结构蛋白质组与血管内皮细胞功能调控 [J]. 天津医药，2015, 43(8)：845-847.

[38] Wang Z N, Klipfell E, Bennett B J, et al. Gut flora metabolism of phosphatidylcholine promotes cardiovascular disease[J]. Nature, 2011, 472(7341): 57-63.

[39] Tang W H, Wang Z, Levison B S, et al. 2013. Intestinal microbial metabolism of phosphatidylcholine and cardiovascular risk[J]. New England Journal of Medicine, 368(17): 1575-1584.

[40] Karlsson F H, Fak F, Nookaew I, et al. Symptomatic atherosclerosis is associated with an altered gut metagenome[J]. Nature Communications, 2012, 3(12): 1245.

[41] Jie Z Y, Xia H H, Zhong S L, et al. The gut microbiome in atherosclerotic cardiovascular disease[J]. Nature Communications, 2017, 8(1): 845.

[42] 夏岩，姜悦 . 脑心共患疾病防治体系建设思路和构想 [J]. 中华医学杂志，2019, 99(39)：3043-3046.

[43] Zhou M G, Wang H D, Zeng X Y, et al. 2013. Mortality, morbidity, and risk factors in China and its provinces, 1990−2017: a systematic analysis for the global burden of disease study 2017[J]. The Lancet, 2019，394(10204): 1145-1158.

[44] 刘彤，陈明龙 . 心房颤动患者的脑卒中预防 [J]. 中华心律失常

学杂志，2019, 23(3)：185-186.

[45] “中国房颤知晓月”会议资料 [Z]. 中国房颤知晓月 . 南京 . 2018.

[46] Sposato L A, Hilz M J, Aspberg S, et al. Post-stroke cardiovascular complications and neurogenic cardiac injury: JACC state-of-the-art review[J]. Journal of the American Collage of Cardiology, 2020, 76(23): 2768-2785.

[47] 赵继宗 . 神经外科复合手术学 [M]. 北京：人民卫生出版社，2022.

作者简介

赵继宗，中国科学院院士，首都医科大学附属北京天坛医院主任医师、教授、博士生导师。主要从事神经外科学临床和基础研究，在微创神经外科、脑血管外科和脑认知转化研究方面做了许多开拓性工作。参加国家“七五”“八五”科研攻关，承担国家“九五”至“十二五”脑血管病外科治疗攻关（支撑）项目，指导团队开展“十三五”复杂脑血管病诊疗新模式的科研攻关，使我国脑血管外科跨入国际先进行列。主编《神经外科复合手术学》《微创神经外科学》等专著14部和《神经外科学》教材。获国家科学技术进步奖二等奖3项。2018年获吴阶平医学奖。

王明泽，外科学博士，首都医科大学附属北京天坛医院神经外科医师。主要从事神经外科脑血管疾病、复合手术技术相关的临床及研究工作。参与脑血管病、肿瘤等方面的神经外科复合手术模式探索和技术创新。参与科技部“十三五”重大慢病专项“复杂性脑血管疾病复合手术新模式治疗技术研究”和“十四五”常见多发病防治研究专项“脑心共患病的临床诊疗体系建立及关键技术应用研究”等研究项目。

如何利用数据和信息技术来帮助控制和缓解全球大流行病?

对传染病患者的接触者追踪和锁定的信息技术已被广泛用于控制传染病流行范围的工作之中，但对接触者的信息采集，依赖于他们愿意为了社会的集体利益分享其个人的地理位置和健康数据，同时不侵犯他们的隐私。同样，自由分享科学数据（如病毒的基因组）对于研究人员能够快速有效地应对大流行病的情况至关重要。如何才能恰当地记录、收集医疗数据，并安全地共享?

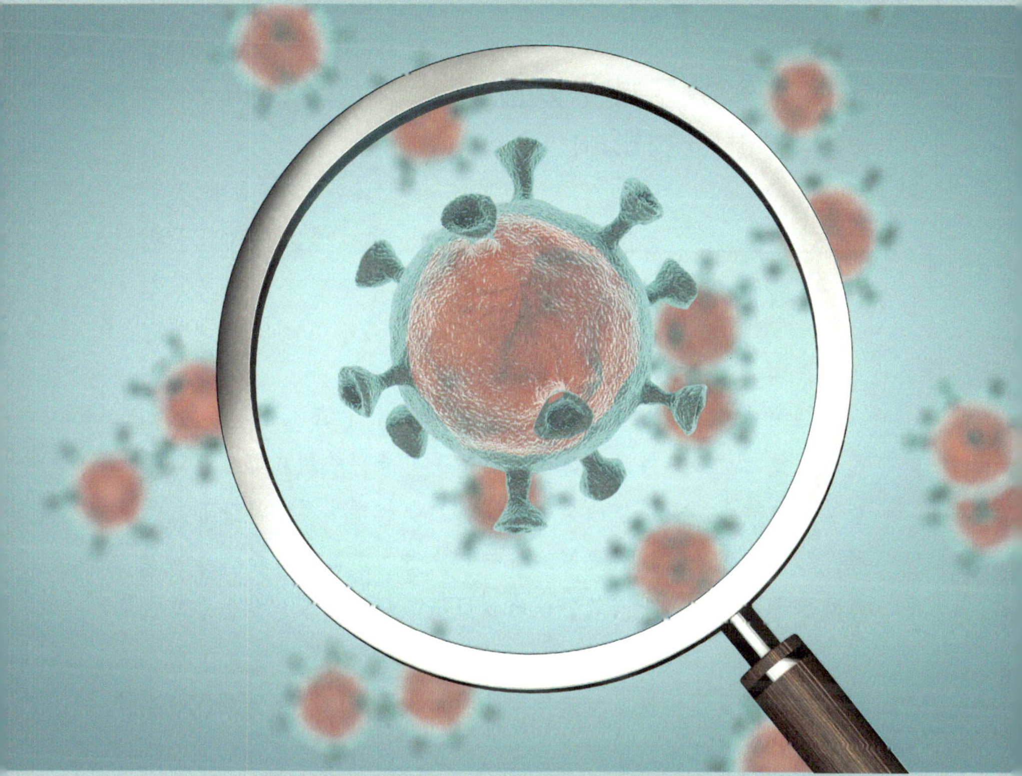

发展未来数字技术以应对全球大流行病对人类健康的影响

■ 黄安鹏

随着人类文明由农耕社会进入工业社会，进而迈入信息社会，数字化技术及数据智慧成为生产生活不可分离的组成部分，近年来新型冠状病毒肺炎疫情的全球大流行，促使学术界和产业界共同思考：如何利用数字技术更好地维护和促进人类健康，把大疫情对人类健康和社会生产生活的影响降到最低？数字技术与数据智慧在临床质量提升、药物方案优化、治疗手段更新、患者康复干预等方面，都有着发挥特殊或特定作用的技术优势，本文试图展现数字技术与数据智慧作为技术抓手在疫情防控与健康促进方面的潜在价值和应用前景展望。

随着人类文明进入信息社会，支撑全球信息化发展的数字技术及数据智慧的环境、条件和内涵正在发生深刻变化，从国际看全球，信息化已进入全面迭代、跨界融合、加速创新、引领发展的新阶段，社会空间从“人人互联”向“万物互联”演进，数字化、网络化、智能化的信息和知识服务将无处不在。现实世界和数字世界日益交汇融合，衍生于现实世界的数字孪生和元宇宙技术，以及以大数据、深度学习、区块链、基因工程等为代表的新兴技术群展现出创新代际周期大幅缩短，创新活力、集聚效应和应用潜能裂变式释放，更快速度、更广范围、更深程度地引发新一轮科技革命和产业变革。这些变革在各个层面都对大流行病的应对策略产生影响。例如，在基础科研方面，病毒学研究需要信息论知识，流行病学研究需要大数据与数学建模，临床需要医学人工智能，包括专科与全科医生助理；在技术应用方面，与可穿戴技术、用户隐私安全等结合，药物研发需要虚拟临床环境，疫苗研发需要模拟测试环境；在国家战略方面，建设多维度大流行病数据平台，有助于疫情防控现代化。虽然现在还无法解开全球大流行病的密码，但人工智能、大数据、物联网等新兴技术群为人类提供了更多的技术手段应对其对人类健康和社会生产生活的危害。由于大流行病的影响因素多而泛，影响层次深而广，加之大流行病对每个个体的影响和个性化生活方式密切相关，因此充分运用新技术研究成果，结合人类已经掌握的医学知识和实践经验，有望在应对策略和技术方面的研究取得实质性进展。

一、问题的定义与内涵、科学意义与战略价值

2020 年初发生的由新型冠状病毒引发的全球性大流行病，

对人类生存、生产活动、社会心理与社交互动等都产生了深远的影响。与此同时，以“数据”为资源链和以“智能”为技术链的新技术正日新月异地涌现，这些新兴技术有望成为应对大流行病的方式、方法或手段，以期尽可能消除、降低或缓解其对全球社会各方面、各层级的影响。当全球某种新的大流行病发生的时候，人类需要从科学角度，期待在第一时间消除由未知因素引发的社会恐惧和临床诊治及药物方案的不确定性影响。若要求在新大流行病发生的第一时间就能透彻认识其本质及对健康和社会生产生活的影响，对现代科学和医学来说几乎都是不可能完成的任务。但是在信息时代，在相对较短时期内充分汇聚并深度挖掘各方数据和信息，找到应对一种全新的全球大流行病，并找到全链条的科学应对策略，是完全有可能的。针

对某种全新的大流行病，探索其病毒机理，促进疫苗研发、检测试剂、临床诊疗等研究，以及开展流行病学调查、疫情防控等工作，都需要生物学、病理学、社会学等各学科与信息技术的深度融合，为其提供数据采集、融合、清洗、挖掘的数据知识化工程的科学手段。因此，信息技术为从多维度、多角度防控全球大流行病提供了可能性，极大地拓展了对病毒自身与其引发的临床疾病及其对生产生活影响的数据收集与本质分析的纵深度与完整性。

二、相关领域研究现状和主要问题

面对全球大流行病，在病毒机理、疫苗研发、检测方法、预警机制，以及筛选并优化突发危急重症的应急治疗方案和新型病毒药物疗效评估方法等方面，新兴技术群有望提供某种程度的科技解决方法。因为即使是最优秀的医生，也难以面对未认知新疫情、新病毒带来的医疗救治方案制定挑战，尤其是危急重症如果涉及合并症、并发症，以及老年基础性疾病、炎症风暴、细胞因子风暴、微生态菌群失衡、循环系统的酸碱中毒等各种情况，医生需要在极短时间内掌握新病症新知识，并需要其对快速发展的危急重症做出及时的临床决策，此时更需要依赖人工智能为医生整理出海量的有关病毒、治疗方案、药物方案以及手术方案等信息，为其决策提供科学依据，而且一线临床专家也需要依靠医学知识图谱与临床知识库，用于辅助临床决策支持（图 1）。

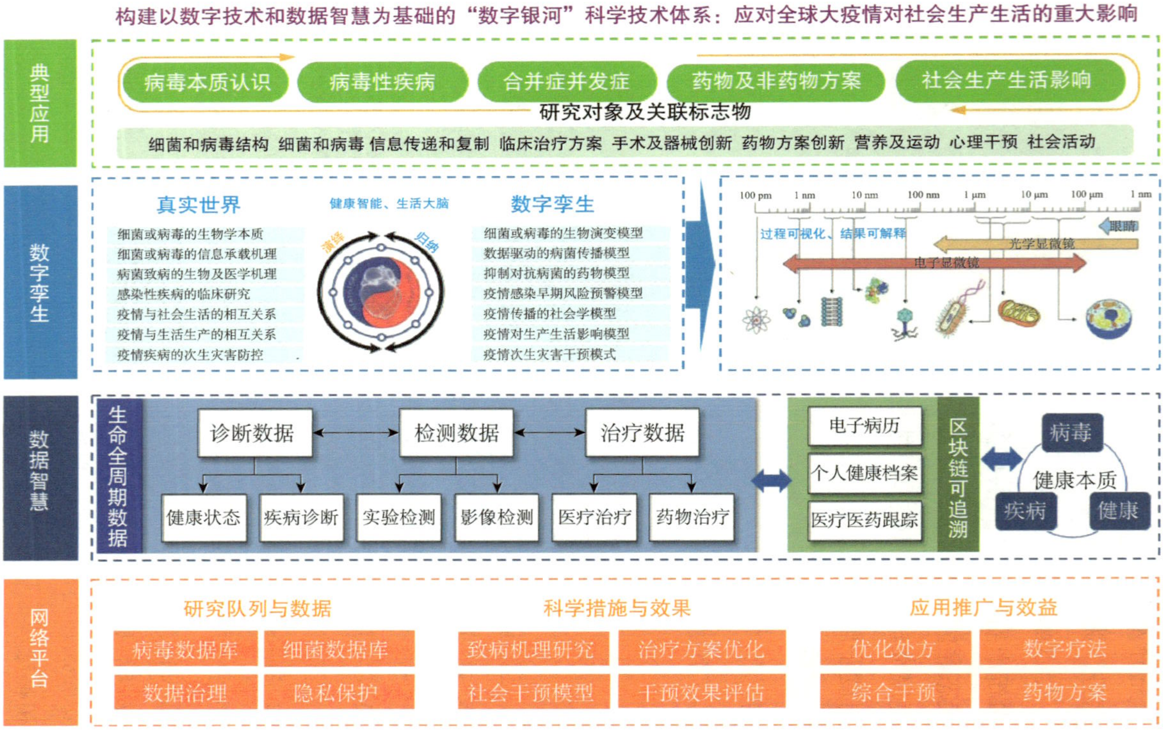

图1　应对疫情对人类健康影响的未来数字技术体系

充分发挥当前大数据、人工智能、物联网等新兴技术群的优势，为应对全球大流行病提供更严格和全过程的科学证据[1,2]，对深入理解人类与流行病做斗争的演变规律，催生新技术和新产品都具有重要意义。研究如何为受影响人群的人体健康状态评估及干预提供关键靶点[3,4]，提升对受影响人群的生理健康保障与心理健康干预的能力，不仅要从整体、动态和个性化角度了解全球大流行病的自身特点[5,6]，更要从连续、动态、高精度角度了解受影响人群的生理与心理健康状态[7,8]，必须依赖信息技术的进步，突破全球大流行疾病的连续客观化监测和风险分层辨识的技术瓶颈。

三、未来发展方向和需要解决的关键科学问题

应对全球大流行病主要面临两个挑战：第一，突发大流行病存在“求数无源”或“有量无质”的现状。大流行病的临床数据采集工具标准化和规范化本身就是一个问题，更要保障所采集数据能够满足既定用途所需要的一定数量和一定质量等问题，这些都是数据与数字化技术能否有效应对大流行病对人类健康影响的一个考验；第二，在全球大流行病发展过程中，可能存在“有病无数”或“有数无据”的现象，导致疫苗研发、检测试剂、医疗设备、临床诊疗、药物方案等都受到极大限制。要改变信息技术应对大流行病的需求与应用之间脱节的局面，就要加强并完善大流行病的数据收集和汇聚，完善数据交互共享和临床科研协作的网络建设过程，在数据深加工方面要取得

科学突破，促使数据驱动的大流行病的病毒机理、检测方式、疫苗研发、临床科研、药物创新、医药研发、器械生产、防控管理、预后干预等产品和服务的快速发展，构建数据驱动的大流行病应对的科技支撑平台，促进对全球大流行病的内涵与本质的探究（图 2）。

未来发展方向主要包括两方面工作：一方面是基础科研，即大流行病临床研究和生物样本库，从病毒学、生物学、信息学等多方面研究大流行病的发生、发展和应对机制，建立新的大流行病预测、预警模型；另一方面是技术应用，使用现有的智能技术为病毒科研和临床服务，制定标准，引领大流行病的临床成果转化。这两个方面相互支撑，相互促进，缺一不可。科学研究

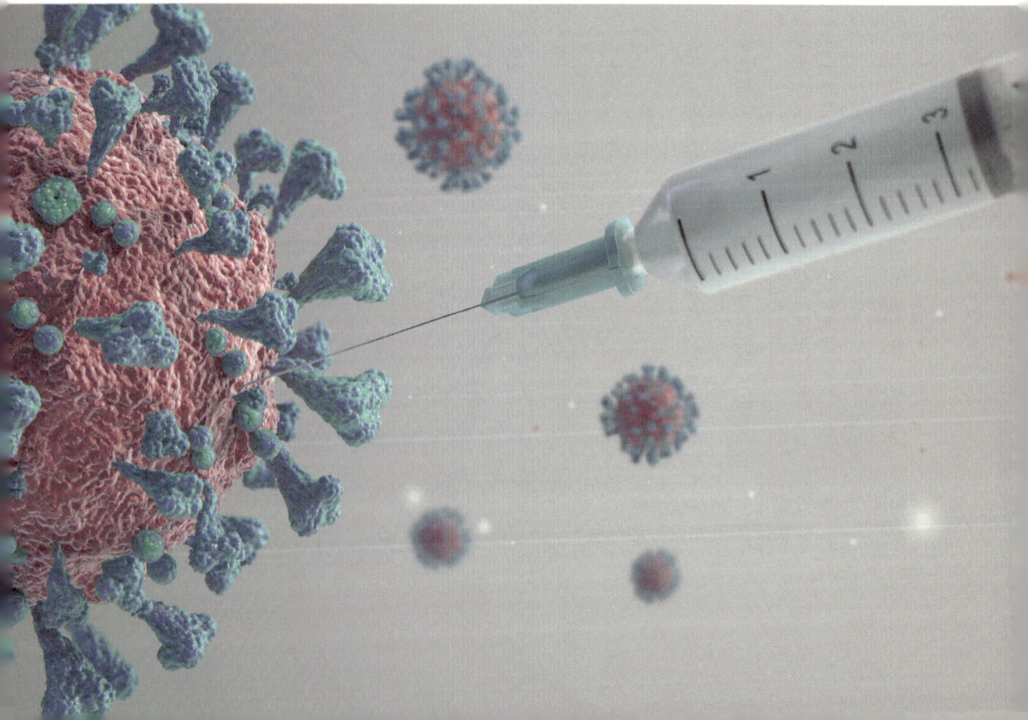

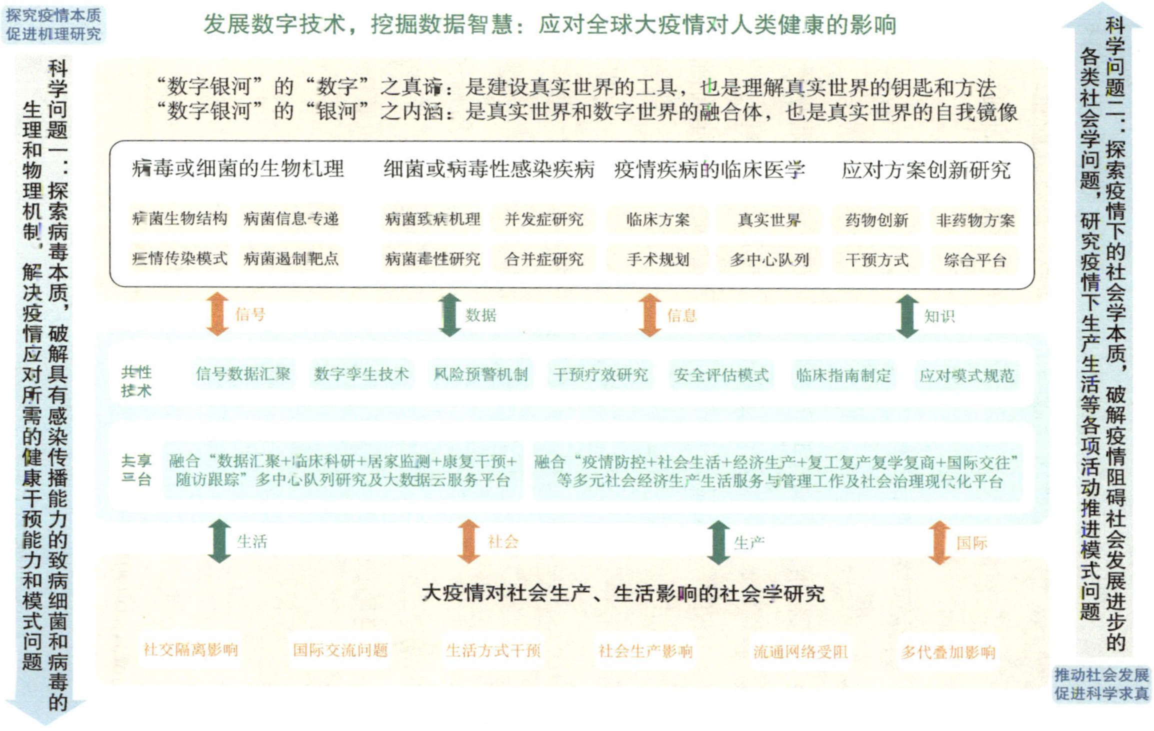

图2　应对疫情对人类健康影响的数字技术研究思路

是技术应用的前提，没有原创性的科学研究数据，技术应用就是无源之水，无本之木。预防和应对大流行病需要加强基础领域的科学研究，一切基础研究最终的落脚点都是实战应用，应对大流行病，需要把新兴技术群与基础科研紧密联系在一起。

四、具体可实施的措施建议

新兴技术群对应对全球流行病的预防、诊断、治疗及预后干预都将产生深刻影响，是应对大规模疫情暴发影响的有效技术手段，并能够在疫情之后带动相关产业链的加快升级和蓬勃发展，具体可以从如下两个方面切入。

第一，解析大流行病的发生机理，以求人类有应对未知新病毒的防范措施，需要建设高水平的生物样本库。生物样本库是基因组、蛋白质组、代谢组等所有生命组学的研究基础，应用规范的流程、专业的人员、精细的管理、严格的质控采集、保存和使用生物样本，并推进临床研究队列的建设，将生物组学大数据与临床表型大数据相结合，产生高质量的原创性科研成果。

第二，从应对大流行病的实际需求出发，组织生物学家、遗传学家、临床专家、信息专家等组成复合型科研团队，经过严密的顶层设计，通过信息技术、生物医学及临床科研相互融合的方式，研究大流行病的临床诊疗技术与新指标，制定临床指南与相关行业标准，将新指标真正用起来，并融入大流行病的临床决策支持系统中。

发展应对全球大流行病的新兴技术群，将为健康医疗事业带来革命性变化和巨大冲击，是催生健康医疗新技术、新方法、新手段、新模式、新业态发展的强大动力，有助于提升健康医疗服务的效率和质量，培育新业态和经济新增长点，推动医药、金融、物流、养老、保险、教育、健身等产业链产能的释放，助推人类健康事业与相关产业日臻完善，并成为国民经济的重要组成部分。

参考文献

[1] Rahman M Z U, Raza A H, AlSanad A A, et al. Real-time artificial intelligence based health monitoring, diagnosing and environmental control system for COVID-19 patients[J]. Mathematical Biosciences and Engineering, 2022, 19(8): 7586-7605.

[2] Martínez-García A N.Artificial intelligence for sustainable complex socio-technical-economic ecosystems[J].Computation, 2022, 10(6): 90-95.

[3] Pfaff E R, Girvin A T, Bennett T D, et al. Identifying who has long COVID in the USA: a machine learning approach using N3C data[J]. The Lancet Digital Health, 2022, 4(7): 532-541.

[4] Mele C, Marzullo M, Morande S, et al. How artificial intelligence enhances human learning abilities: opportunities in the fight against COVID-19[J]. Service Science, 2022: 14.

[5] Nwosu A C, McGlinchey T, Sanders J, et al. Identification of digital health priorities for palliative care research: modified Delphi study[J]. JMIR Aging, 2022, 5(1): e32075.

[6] Tobias R R, Roxas R E, Abisado M, et al. Science mapping of social media analytics in health through artificial intelligence[C]. IEEE Region 10 Conference (TENCON), 2021: 750-755.

[7] Tao Y D, Jiang R H, Coltey E, et al. Data-driven in-crisis community identification for disaster response and management[C]. 7th IEEE International Conference on Collaboration and Internet Computing (CIC), 2021: 96-104.

[8] Sneller M C, Liang C J, Marques A R, et al.A longitudinal study of COVID-19 sequelae and immunity: baseline findings[J]. Annals of Internal Medicine, 2022, 175(7): 969-979.

作者简介

黄安鹏，北京大学新体制长聘副教授（正高级研究员）、首都医科大学兼职教授、山东中医药大学特聘教授、中国卫生信息与健康医疗大数据学会副秘书长、国家科技战略发展规划专家。

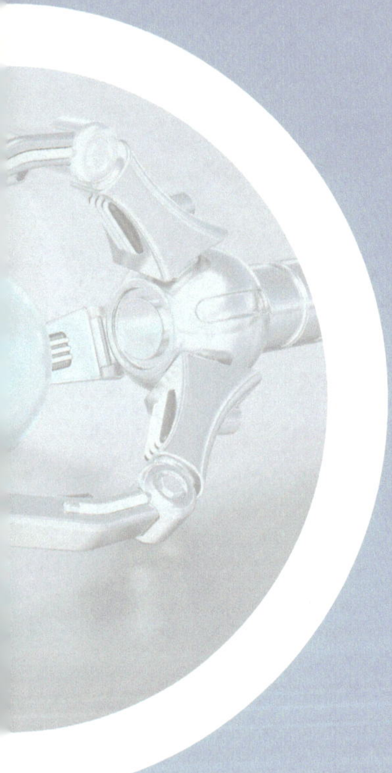

远程人工智能诊断专家系统如何变革传统医疗诊断系统？

传统的医疗诊断系统严重受限于医疗资源的配置（包括诊断技术和医生数量及水平等）和空间分布，导致很多患者无法获得及时准确的诊断和治疗。开发远程的分布式诊断平台与远程人工智能诊断专家系统结合的新型疾病诊断系统具有重大意义，可以革命性地改变传统的医院诊疗系统。这种系统如何有效应用？为规范使用需要哪些合作支持？

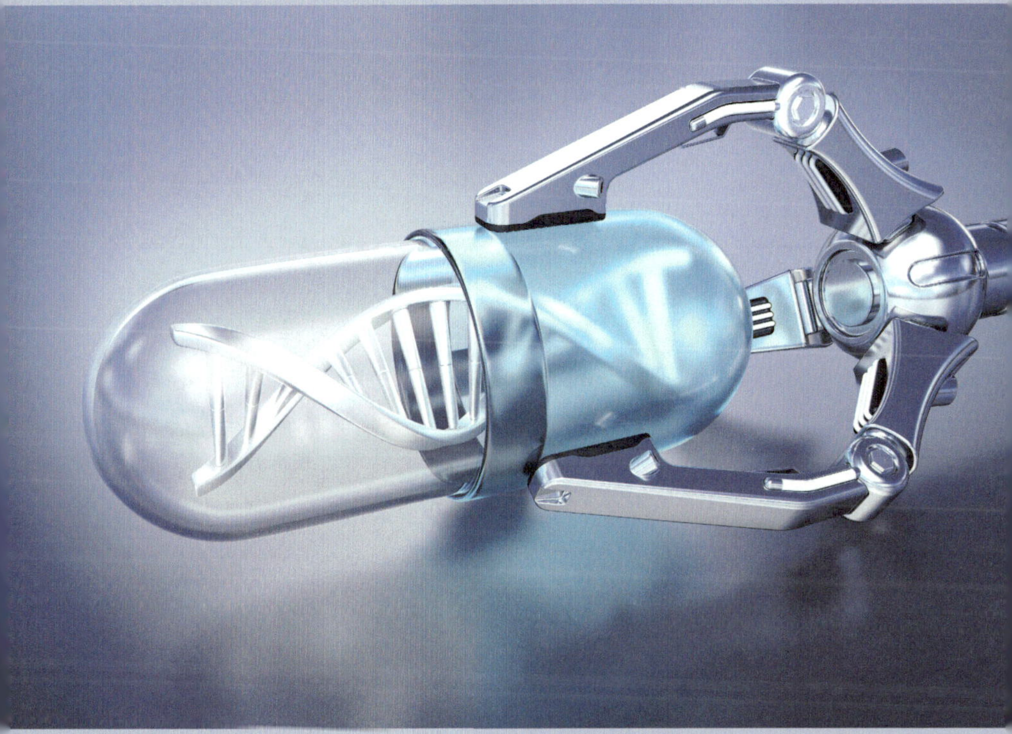

远程人工智能诊断专家系统变革传统医疗模式

■ 卢清君

利用远程人工智能诊断专家系统可以为患者提供更多便利，并革命性地改变传统的医院诊疗系统。当下针对远程医疗和人工智能相结合，已经有了大量实践探索。但在高速发展的过程中仍然存在很多问题，如人工智能范式尚不成熟、信息安全与隐私保护尚待加强等。解决上述问题，既需要从智能算法层面不断改进，也需要在数据安全方面有所提高，更需要解决智能诊断系统在基层可及性的问题。

远程人工智能诊断专家系统是利用人工智能计算方法，借助远程诊断系统平台，向临床医生提供专业分析服务的辅助工具软件系统。它是一系列数字化信息技术和通信技术的综合体，用于帮助临床医生借助人工智能的计算能力开展远程诊断，是人工智能算法技术和远程诊断技术相融合的典型代表。这不仅是科学家需要解决的科学难题，而且是将会改变传统医学模式、对人类社会未来生活产生深远影响的科技，因而备受数字医疗业界广泛关注。

一、远程人工智能诊断专家系统的概念与内涵

远程人工智能诊断专家系统包含三个关键词：远程诊断、人工智能、专家辅助系统。从发展意义层面来说，它代表着信息与通信技术（ICT）变革传统医疗模式的巨大潜力，是发展的必然趋势；从关键技术层面来说，远程医疗的技术相对成熟，而人工智能技术还处于初级发展阶段；从应用层面来说，人工智能系统尚未成熟，在大部分领域还只能作为专家的辅助工具系统。因此，如何推进远程人工智能诊断专家系统综合集成新技术的发展并广泛转化应用，尤其是人工智能技术在医疗中的转化应用，是科学家面临的重大科学问题。

远程诊断（remote diagnosis）是源于远程医疗（telemedicine）的业务形式之一，由医生给患者采集检查或检验结果数据后，上传到远程医疗平台，邀请相关专家通过远程医疗平台阅判检验检查结果数据，并参考邀请方医生提供的相关病历信息，做出明确病变的判断并出具诊断报告，主要是解决接诊医生对患者的检验检查结果很难做出准确判断的难题。

人工智能技术是人们利用计算机对相关数据进行计算，模拟人脑的思考过程，得出计算结论，是计算机科学的一个分支。人工智能计算需要很多前提条件，比如要求计算机有足够的计

算能力、有算法模型、有足够的数据用于计算模型的训练与运算。在医学诊断的实践中，检查检验数据种类繁多、格式多样，对于数据解读相对复杂的诊断来说，借助计算机强大的算力可以节省大量的人工，减少错误率。目前心电图和放射影像等的人工智能计算技术相对成熟，应用比较广泛。但是因为医学诊断的复杂性和不确定性，人工智能技术尚不能独立用于医学诊断，但可以为专家提供辅助计算能力，帮助专家快捷准确地做出诊断决策。

远程人工智能诊断专家系统是集成了人工智能诊断系统与远程医疗系统，为临床医生提供在线智能诊断的辅助工具，应用于远程医疗的诊断过程中，能帮助基层医生快速获得诊断帮助，提高检出率和准确性。虽然远程人工智能诊断专家系统是一类辅助软件工具，但代表着现代数字信息科技在医学领域的应用实践，是数字医学创新变革迈出的第一步。图 1 为国医大师晁恩祥教授和张洪春教授率团队为新型冠状病毒肺炎重症患者会诊。

二、科学意义与战略价值

远程人工智能诊断专家系统是数字时代信息技术集成的典型代表，是集人工智能技术与远程医疗技术于一体的辅助工具，其临床应用的战略意义不仅仅是一套软件工具，而且是代表人工智能技术与远程医疗技术的集成与转化应用，带动的是现代医学模式的改变，推动现代医学模式从独立的医院和科室工作

图1 国医大师晁恩祥教授和张洪春教授率团队为新型冠状病毒肺炎重症患者会诊

模式向跨机构、跨专业、跨地域的分工协同模式转变，是符合我国医疗机制体制改革重大方向的转变，其重大意义具体体现在以下几个方面。

（一）远程医疗带来的医疗协同模式改变

远程医疗是医生利用信息通信技术邀请其他医生为患者进行联合诊疗的一种形式。这种会诊方式不受时空限制，不需要会诊医生长途跋涉就能远距离指导医生对患者进行有效救治，节约了救治时间，增强了救治的专业性和准确性，提高了跨机构医疗协同的效率。远程医疗逐步发展成为远程会诊、远程诊

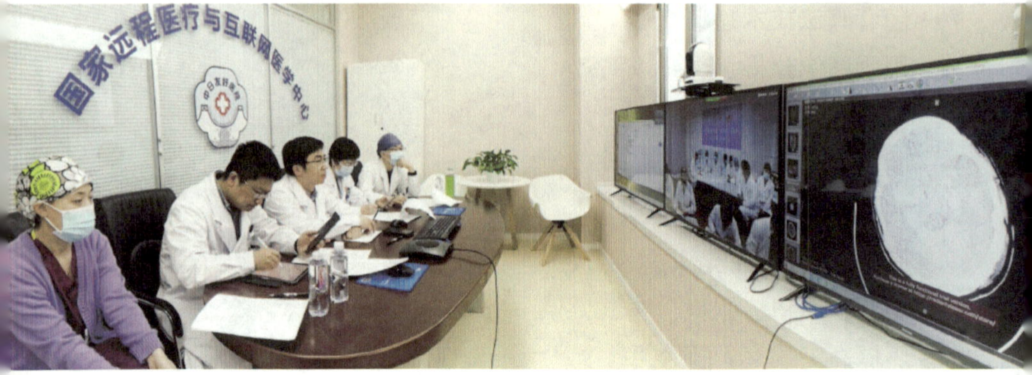

图2　多学科远程会诊

断、远程疾病管理、远程监护、远程教育、互联网诊疗等多种形式，在我国统称为“互联网 + 医疗健康”。

远程会诊（图 2）可以帮助基层医生制订规范化的诊断和治疗方案，远程诊断可以帮助基层医疗机构在完成检查得到结果数据后，获得其他医疗机构优秀专业医生的诊断帮助。病理诊断是远程诊断的最典型价值体现，区县级医院因缺乏资深的病理诊断医生，往往很难对组织病理学检查做出最终的临床决策，导致一部分肿瘤病例无法在区县级医院得到手术或放疗及化疗。借助远程病理智能辅助诊断系统，区县级医院就可以开展针对常见肿瘤的明确诊断，并开展相应的手术和化疗及放疗等，对快速提升基层临床诊治能力、缓解我国医疗资源分配不均具有重大意义。

（二）人工智能辅助诊断提升工作效率

人工智能在医学领域的应用首先是在医学影像诊断方面。

随着算法技术趋向成熟，算力大幅度增强，人工智能技术最早用于图像分析和语义识别，人脸识别技术、影像分析技术、人机对话技术等得到广泛应用。在医疗领域，人工智能对临床诊断所使用的放射影像及光学影像的图像识别已经应用于临床，例如，计算机断层扫描放射影像智能分析系统已经在临床广泛应用，该系统能帮助临床医生快速检出病变，快速计算图像的形状、面积、体积、数量、分布位置等，不但降低了漏诊率，还提高了效率。例如，放射科医生原来自主阅判一套 CT 多层扫描影像需要 15 ～ 20 分钟，借助智能算法，可以在 1 ～ 3 分钟内得出结论，大幅度提高了阅片效率。阅片周期的缩短，使得患者可以尽早拿到检查报告，并有助于临床医生在诊疗中即时计算测量影像结果，从而做出准确的临床决策。自然语言识别技术的使用，不但可以实现语音输入，更重要的是可以通过语音识别实现文字输入、动态监控、医学报告质量控制等。因此，人工智能计算系统成为临床医生在诊断中的有力辅助工具。

（三）人工智能与远程诊断融合“如虎添翼”

人工智能因其基于数据计算基础上的优势，可以与远程诊断系统深度融合。在我国，医疗资源分布和利用存在量不足、碎片化、不均衡、非同质的现状瓶颈，偏远和基层地区因为缺乏资深的医疗人才和先进的医疗技术，临床诊断能力不足，这直接影响了后续的规范化治疗。远程医疗可以帮助基层医生提高诊断能力，人工智能可以提高诊断效率，让有限的优质医生资源可以帮助更多的基层医生，提升协同效率，二者融合形成的远程人工智能诊断专家系统使得有限的优质医疗资源“如虎添翼”，是提升基层临床规范化诊治能力最快捷的途径之一。

中日友好医院牵头建立了中国人群皮肤影像资源库（CSID），并开发了人工智能分析系统，是远程人工智能诊断专家系统的典型代表。该数据库累积了超过 20 万例的皮肤影像数据，均为各地皮肤科专家临床积累的病历和检查影像，并给予了精准标注。皮肤科医生可以借助人工智能系统对皮表透光显微镜的光学影像、病理学影像、皮肤 CT 影像等做出快速测量和检出，并结合 CSID 的帮助，在数分钟内做出诊断决策，对后期的手术或用药指导提供决策依据。这类人工智能分析系统借助国家远程医疗与互联网医学中心的平台，可以辐射到基层医疗机构，基层机构虽然缺乏皮肤科医生，但是全科医生借助此系统，亦能有效判断皮肤病的种类和肿瘤的良恶性质，可以解决七成以上皮肤病患者在基层首诊的需求，大大提高了基层对皮肤病初步诊疗的效率。

三、发展现状和趋势

（一）人工智能发展被纳入我国战略规划

国务院于 2017 年 7 月发布《新一代人工智能发展规划》[1]，描绘了面向 2030 年的我国人工智能发展路线图，人工智能产业上升为国家发展战略，预计到 2030 年人工智能核心产业规模将超过 1 万亿元，带动相关产业规模将超过 10 万亿元。国家发展和改革委员会、工业和信息化部、科技部、教育部等国家部委，以及各地方政府都推出了发展人工智能的规划和政策。我国大部分的人工智能技术创新侧重技术应用，主要集中于影像识别与测量分析、自然语言和语音识别、远程控制、实时监控等，其应用规模已经位居世界领先地位。但是，在前沿理论创新及部分核心技术等方面距离国际领先水平还有明显差距。国家政策主要是推动发展自主核心算法技术和自主计算能力的人工智能产业，要适应我国快速发展的需求，不但要解决核心技术“卡脖子”的问题，更要建立适应我国国情的发展路径。“互联网 + 医疗健康”领域作为人工智能的现实应用场景，成为国家重点鼓励发展的领域之一。

（二）远程医疗和人工智能已经展开大量实践探索

医学人工智能的研究伴随着智能算法和算力的同步发展，最早应用于医学影像的辅助诊断系统，以国际商业机器公司（IBM）的“沃森”（Watson）人工智能平台为最先用于临床实践的案例，IBM 与纪念斯隆-凯特琳癌症中心联合开发推出了沃森肿瘤解决方案（Watson for oncology, WFO），融合了包括信息分析、自然语言处理和机器学习领域在内的大量技术创新，旨在帮助医生为患者提供更好的个性化肿瘤治疗方案[2，3]。随着深度学习技术的应用，大量影像和诊断的数据不断对神经元网络进行深度学习训练，初步培育了诊断辅助测量的能力，已经用于多种器官肿瘤的筛查和良恶性甄别，以及部分检验和病理学检查结果分析[4]。

近几年，人工智能技术已经应用于基因组学和生物制药行业，在新药研发的有效性评价、个性化治疗方案的筛选等方面发挥了突出作用。例如，医学成像识别技术用于人脸识别、人工视觉装置研发等；自然语言处理技术不断进步，在病历数据治理和数据标注等方面的应用范围越来越广泛；神经网络计算范式用于临床路径的规范化诊疗决策，建立了临床决策辅助支持系统（clinical decision support system, CDSS），随着应用的扩展，这类计算方式逐步得以改善。

远程人工智能诊断专家系统给基层医生和大医院的年轻医生提供了巨大的帮助，也为专家提高诊断效率带来了便利。鉴于人工智能系统采用云平台的部署方案，便于用户通过网络调取相关的资源使用智能终端，这与远程医疗采用的互联网通信方式有着天然兼容的优势。目前我国已经有超过94%的二级以上医疗机构建设了远程医疗平台。将人工智能系统与远程医疗体系结合起来，边远、基层地区的医生也可以通过互联网终端获得人工智能的帮助，可以说，远程医疗有效地提高了人工智能的可及性和覆盖率。

（三）医学人工智能应用面临诸多挑战

虽然“远程医疗＋人工智能”的形式在各个专科领域进行了实践性应用，但是，人工智能技术公司依然面临“医生不愿意使用、患者不愿意买单”的苦恼。IBM的“沃森医生”系统被召回和公司研发重点的转变，暴露出人工智能系统在医疗领域还面临巨大的挑战。

1. 医学人工智能技术范式尚不成熟

人工智能的发展目前尚处于初级阶段，从研发路径上来讲，建立智能计算范式主要是以知识驱动为主导的符号主义（symbolicism）与以机器学习驱动为主导的连接主义（connectionism）两种策略，采用哪种策略作为智能技术范式是一直在争论不休的热点。

第一代以知识驱动的人工智能技术范式在医学领域无法实行，当前的医学知识库缺乏有效的治理和科学的格式化与规范化，单纯依托知识库建立计算范式是很困难的。因缺乏统一的数据结构标准，无法完成有效的数据标注，无论是技术代码还是知识体系本身都缺乏标准化，建立知识库困难重重，难以建立足够支撑人工智能计算需要的知识体系。第一代人工智能的代表当数 IBM 开发的“深蓝”（DeepBlue）国际象棋系统，在起初无法战胜人类棋手，很大程度上是因为知识库不充分。后来经过机器学习，虽然也能战胜人类棋手，但是常常有胜有败，因此机器学习的技术范式受到了开发者的重视。

第二代以机器深度学习驱动的人工智能技术范式比第一代有了很大的进步。自人工神经网络（Artificial Neural Network, ANN）理论用于机器深度学习以来，连接主义建模的范式得以发展，机器深度学习在某种程度上提升了人工智能系统建立模型的能力，AlphaGo 就是一个典型范例。但是，由于学习模型的不充分，AlphaGo 还是有计算不到位的“空档”，结果是在人机对弈时还有输棋的概率。

棋局的规则是完全而确定的，利于智能计算。在医学诊断领域，很多疾病的发病原因与诊断之间的逻辑关系不确定，检查结果与诊断之间不存在“金指标”样的一对一逻辑关系，无法针对这类疾病建立可推理的智能计算模型。远程人工智能诊断专家系统缺乏高质量数据库作为“教科书”，机器学习把确定的理论和不确定的知识混杂在一起，无法建立一个直接的、能确定直接因果关系的逻辑推理体系。例如，有很多让患者依靠发病症状自测的所谓“自诊断系统”，但因其计算模型过于简单和粗陋，推理过程无法解释，所以无法实际应用。单纯机器学习的策略，依然无法建立符合医学规律的远程智能诊断辅助系统。

2. 医生在远程诊断中缺乏应用人工智能的信心

在医疗领域，“沃森医生”系统的机器深度学习能力首屈一指，国内外也曾开展过大量的临床实践，其强大的搜索文献和相关性分析等能力确实为临床医生提供了很多帮助。但是随着应用的深入和拓展，应用的病例越来越多，发现的问题也越来越多，应对复杂病情或个性化很强的临床问题时，“沃森医生”系统给出的很多建议很难被采信。疾病发生发展和转归的不确定性，导致了机器学习无法建立可靠的、稳定的、可解释的逻辑推理模型，结果的可信赖度大打折扣，系统难以得到医生的认可。

因为智能系统的不成熟和不确定性，智能诊断系统的行业准入缺乏标准，远程诊断无法使用智能诊断系统。目前的远程诊断主要依靠专家的远程会诊为主，智能诊断系统尚处于试用研究阶段。

另外，人工智能和远程医疗的商业模式还不成熟，制约了市场的大规模发展。基层医生在试用人工智能系统时还会遇到医学伦理和法律责任等问题，这也是医学智能和远程医疗面临的挑战。

3. 信息安全和个人隐私保护措施尚待加强

医学智能系统的机器学习除了需要大量的知识数据之外，还需要大量的临床数据。过去几年，国家相继发布了多部法律和规定，尤其是《中华人民共和国网络安全法》《中华人民共和国数据安全法》《中华人民共和国个人信息保护法》的实施，使得对个人信息的处理、数据的采集存储与授权使用、安全防护与隐私保护等都有了十分具体的法律要求。在人工智能系统开发和应用过程中，大量数据传输和信息处理需要依法依规执行。在智能计算范式之上，还需要加大数据授权、信息安全和隐私保护的技术保障，预防和避免违法行为发生。

（四）未来医学模式趋向协同化和智慧化发展

信息学与数字科技的发展，是信息通信技术突飞猛进发展的基础；数字医学和医院信息化已经奠定了医疗数据化的基础，伴随着互联网的普及，推动了信息通信技术与医学的融合，形成了远程医疗和互联网医学的新协同模式。2021 年国务院办公厅印发《关于推动公立医院高质量发展的意见》（国办发〔2021〕18 号）[5]，明确了以国家医学中心为核心的优势学科群资源，帮助行政区域网格化布局的城市医疗联合体和县域医疗服务共同体提升医疗协同能力与服务能力，“互联网 + 医疗”成为促进新体系发展的新趋势和新动能。因此，基于远程医疗协同模式的远程人工智能诊断专家系统，具有帮助基层医生提高诊断能力、提高服务效率、减少误诊误治、避免无效医疗和过度医疗等方面的效能。在“健康中国”战略指引下，通过远程协同解决基层临床能力短板是信息通信技术发展的必然趋势。

人工智能在医学领域的应用实践越来越广泛，虽然还处于实践探索阶段，但“智慧医院”新模式已经成为行业发展的航标灯。智慧医院的概念包括三个方向：一是面向患者的智慧服务，通过将人工智能应用于医院信息系统，提升患者在就医过程中的信息资讯获取和就医流程指引的便捷化体验感；二是面向医务人员的智慧医疗，通过医疗智能辅助系统的应用，提升临床诊断的效率、准确性和精细化，为临床医生提供更科学的决策依据；三是面向医院管理者的智慧管理，通过人工智能对医院运行大数据的实时分析和可视化结果呈现，辅助各级管理者及时做出科学决策，在合理部署医疗资源、科学医疗质控、安全防护、药械和物流供应等方面发挥重要的辅助决策作用。

远程人工智能诊断专家系统是一个相对成熟的应用案例代表，虽然目前还存在很多发展瓶颈和技术短板，但是针对此类系统的应用实践积累了丰富的经验和教训，也促使研发者不断开发更实用的辅助工具，为开拓更多的应用领域奠定了基础。远程诊断模式与人工智能技术的集成，一方面，作为有力的辅

助工具，可以帮助基层医生和大医院的青年医生在诊断过程中不断提升能力；另一方面，可以缓解优质医疗专家资源短缺、无暇满足全国基层大量就诊需求的瓶颈问题，通过远程诊断模式，专家无须长途跋涉去会诊，节约了时间，提高了效率，提升了协同性。在我国目前的医疗资源现状下，这类集协同化和智能化于一体的专家工具，可以缓解医疗资源分布不均和碎片化的问题。在医疗需求的驱动下，“远程 + 智能”的产业化发展拥有巨大的产业发展空间。

四、需要解决的关键科学问题

远程人工智能诊断专家系统在应用中遇到的问题属于人工智能研发领域面临的共性科学问题。对于远程诊断来说，目前主要依靠专家在互联网平台上完成，技术和模式已经基本成熟。虽然人工智能技术已经在某些局部应用发挥了效能，但是由于很多科学问题未解决，人工智能系统尚不成熟、不完善，因此在远程诊断中的应用需要慎之又慎。在过去几年的实践探索中，人们对诸多科学问题已经逐步有了清晰的认识，人工智能的巨大潜力也在不断被挖掘，解决这些问题正是推动远程人工智能诊断专家系统走向应用的关键举措，也将会是带动远程智慧医疗整体发展的重要部分。

（一）需要解决智能算法的可解释和可靠性问题

人们既然发现了机器学习计算范式的短板，就会想办法去改善。IBM 的第三代智能系统 AlphaZero 吸取了 AlphaGo 的教训和经验，从围棋的基本规则作为知识库起步，驱动建立计算模型，辅助以机器学习充实实战经验，既改变了计算范式，也改变了输出的能力，AlphaZero 在人机对弈中可以凭借远超人类的算力取得全面胜利。围棋规则就是知识库，具有很强的确定性；著名棋手的实战案例就是机器学习的训练材料。这种把符号主义（知识驱动）和连接主义（机器学习驱动）综合起来的建模范式，具有更大的应用潜力，张钹等将其归纳为第三代人工智能技术范式[6]（图 3）。

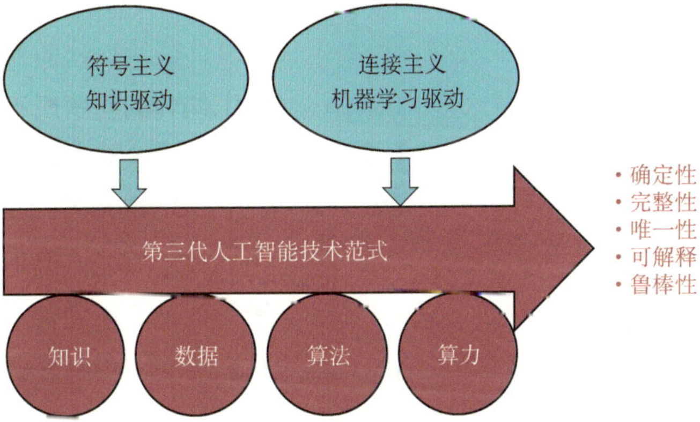

图3　第三代人工智能技术范式

对于医学人工智能发展来说，这将是一条可期待的出路：知识驱动的推理关系可以建立可解释的、可靠的计算模型，机器学习临床案例形成连接关系，建立计算模型。知识驱动可以促进计算范式符合现代医学理论体系、医学伦理原则等；机器学习促进智能系统更贴近临床实践，更容易被临床医生接受。

建立可解释的和鲁棒性好的新理论与新方法，发展安全、可信、可靠和可扩展的人工智能系统，是发展医学人工智能的必经之路。

在医疗实践中，临床医生需要明确知道诊断的理论依据和数据证据、诊断的推理逻辑、鉴别诊断的依据、结果的可靠性等。因此，对医疗人工智能计算范式的基础推理逻辑和可解释性必须建立在已知的知识体系与明确的诊断逻辑基础上。然而，人力建立知识推理范式的能力是有限的，对未知干扰因素的预判能力也是有限的，所以，需要通过大量的临床病历数据给予机器深度学习足够的数据训练，以提升计算范式的鲁棒性，这就是第三代智能计算范式的具体应用。这需要临床专家与人工智能开发工程师联手建立医工结合的创新机制方可实现。

（二）需要基于医学术语标准化解决数据标注的问题

在人工智能系统建设中，无论是建立知识库还是用于机器深度学习，数据标注和标签体系都是基本要素。但是，在传统的医学模式中，病历数据是基于自然语言撰写的文字，同一症状或体征有多种多样的表达方式，加上语义的多样化、名词的多样化、语法和修辞的变化、各地文化的差异等，导致机器学习水平非常低。各类检验检查输出的是不同格式的数据，算法很难统一，因此，规范医学术语和名词的标准化、医疗数据结构的标准化是有效减少标注差异的重要基础，结构化专科专病的电子病历有助于提升数据规范化的水平。

（三）需要解决应用系统的适用性和可扩展问题

智能计算范式的局限性导致人工智能系统的适用范围也受到局限。目前的人工智能计算范式的本质是多因素多水平的关联关系统计分析，是基于已知的确定关系、需要完全的信息，对因素和结果之间有明确的函数关系的业务，才有可能计算出结果。但是，医学推理逻辑是复杂的因果关系，因为科学认知水平还很局限，很多疾病的“因”和“果”之间缺乏确定的函数关系，很多目前科学无法确定解释的干扰因素（如疾病诱发因素多样化、鉴别诊断指标多元化等）会导致系统的鲁棒性很差。这些干扰因素无法进入计算范式的原因包括：一是缺乏医学科学理论指导，二是目前计算能力尚不能满足大规模计算的要求，因此，只有解决人工智能系统的适用性问题，才有可能在临床医疗工作中被认可和接受。

另外，不同疾病的因果逻辑关系各有不同，目前的人工智能计算算法和算力只在部分专病领域可以建成计算系统，跨领域的普适性人工智能诊断系统在目前的算力下几乎没有可能实现。

解决当下人工智能的适用性和可扩展性的出路只有靠人工补充，人工智能的计算能力已经超出了人脑，可以作为人力不足的补充性辅助工具，完成重复性、重负荷性工作。临床医生借助人工智能系统的计算分析结果，依靠人脑智慧的天然优良的鲁棒性，能有效规避人工智能系统的弱点和漏洞，所以专家系统依然是临床医生的辅助工具。

（四）需要解决数据安全加密和依法用数的问题

“远程 + 智能”的专家系统在应用过程中涉及很多环节和很多人，医疗健康数据是极其重要的敏感数据，因此，国家法律法规对信息安全和隐私保护的要求很高。在远程医疗系统中，信息加密技术能发挥很大作用。在数据的共享和使用过程中，使用者的身份认证和有效授权等机制非常重要，区块链的分布式存证、防篡改、防伪造、可追溯的能力可以发挥有效作用。有《中华人民共和国个人信息安全法》的具体要求和指导，用技术提供依法取数用数的保障具有很强的可行性。

（五）需要解决智能诊断系统在基层的可及性问题

远程人工智能诊断专家系统虽然还不完善，但是知识库系统已经可以用于帮助基层医生提高规范诊疗能力等。基层医疗卫生机构当前的信息化水平相对偏低，在数据质量、病例数量、病种复杂程度方面都处于低水平状态，应用远程人工智能诊断专家系统还有很多其他瓶颈因素，如通信能力、财政支持、医生对人工智能结果的理解和信赖程度等。如何解决人工智能系统在基层的可及性是制约该系统应用推广的关键问题。

利用远程医疗融合人工智能系统是可行的解决出路，尤其是 5G 的普及给基层带来了曙光，人工智能系统需要适应云平台和边缘计算等新网络的特点调整结构，5G 移动通信能力大幅度弥补了基层信息化的短板。基层医生使用 5G 手机的越来越多，远程人工智能诊断专家系统可以通过手机终端普及给社区医生，有效缩短基层信息化建设历程，减少财政投入，提高基层医生使用远程人工智能诊断专家系统的可及性。

五、可行性措施建议

人工智能与远程医疗体系的结合，是多领域集成融合的结果，可以帮助基层医生在人工智能系统的帮助下，对常见病、慢性疾病患者实行有效管理，预防重大并发症的发生，提高临床规范化诊治能力，减少患者外出就医的规模，实现分级诊疗格局。但是，目前还有很长的一段路要走。

（一）通过改善电子病历结构提升数据标注质量

人工智能可用数据需要临床提供高质量标注的病历数据，对医院电子病历的格式化、专科化、医学术语的统一化等都提出了更高的要求。建立专科专病的标准化名词库，对于形成人工智能的知识库、工具库、模型库等都具有重要的意义，有利于尽快建成智能化的数据标注和标签体系。这是一系列庞大的工程和艰巨的任务。但“千里之行，始于足下”，这是创建人工智能发展新业态的基础工作，是整个行业需要统一共识、携手联动发展的必然趋势[7]。

（二）建立医工结合的联合开发机制

远程人工智能诊断专家系统是未来在诊断和辅助治疗等方面都有大作为的新趋势，因为集成性比较强，需要跨领域、跨专业、跨机构协同，联合研究发展。尤其是要想实现第三代人工智能和 5G 远程医疗等新技术的结合，建立医工结合的联合开发机制是必需的，让医生在初期就参与到人工智能计算方式的开发中，有助于保障计算范式更贴近临床医学理论，少走弯路；与远程医疗体系结合，可以发挥“互联网 +”的优势，用计算资源部署最小化的策略，减少系统消耗的总成本，惠及更多基层临床医生，促进应用成效最大化。

（三）建立医疗健康数据规范化管理体系

远程医疗和人工智能都需要医疗数据在各协同方之间实现依法取数、合理用数、有效共享。《中华人民共和国网络安全法》《中华人民共和国数据安全法》《中华人民共和国个人信息保护法》等对个人信息处理与数据的安全管理都有严格的要求，医疗数据作为敏感数据，已经定性为国家基础性战略资源，需要国家统一保护、统一开发；医疗机构作为医疗数据安全第一责任主体，需要对医疗数据和个人信息处理进行授权管理使用与保护开发；个人的隐私权、知情权和使用权等权益需要得到实质性尊重与保护。针对这些管理规范，需要建立相应的制度和规范，并通过一些技术手段有效落实。中央网信办等十六部门已启动了“国家区块链创新应用试点项目”，其研究成果将会对依法合规地监督管理医疗健康数据共享使用和有序开发起到支撑作用，对远程人工智能诊断专家系统等的产业化发展具有重要的保障意义。

（四）需要适应5G云边协同远程医疗架构部署人工智能算力

远程医疗协同体系的天然优势是突破时空的限制，把基层和边缘地区的医生与大医院的专家联系起来，也为远程人工智能诊断专家系统提供了有效的推广体系，促进人工智能系统在基层的普遍可及。但是，当远程医疗带来大规模的终端应用云平台部署的人工智能系统时，面临的是通信带宽和瞬时并发量的巨大通信压力，甚至会导致系统崩溃。通信运营商常常采用全国的数据中心动态负载均衡分散通信压力的策略来解决，但是后台部署的资源和运行成本是十分高昂的。

远程医疗技术体系架构是随着通信技术进步而升级换代的，5G为远程人工智能诊断专家系统解决云平台的通信压力问题提出了云边协同的解决方案，即通过中央云部署核心计算资源，连接到工作区域的边缘云，把部分计算资源下沉到工作区域，此举有效减少了部署人工智能系统的中央云到工作区域边缘云之间的主干网通信压力，也降低了安全风险，提高了工作区域的计算效率，降低了时延。

远程人工智能诊断专家系统需要适应5G云边协同网络新结构的优点，在远程医疗业务系统之上，把人工智能计算能力采用云边协同模式，在远程医疗协同机构之间实施分布式部署计算资源的策略，将是未来发展的必然趋势。

远程人工智能诊断专家系统是现代通信技术与人工智能技术的代表，是一个相对成熟的应用，在实践过程中可以积累大量的经验，为医疗领域开展更多探索实践奠定基础。虽然目前初期阶段还存在很多问题、面临很多挑战，但是随着一个问题又一个问题的解决，新科技的转化也会带来更加高效、实用、便民的医疗协同模式。科技带来的不仅仅是便利，还可以帮助基层医生提高临床诊断和规范治疗的能力，更重要的是成为需求驱动数字产业发展的重要动力。

参考文献

[1] 中华人民共和国中央人民政府 . 国务院印发《新一代人工智能发展规划》[EB/OL] [2021-03-07] .http://www.gov.cn/xinwen/2017-07/20/content_5212064.htm.

[2] Memorial Sloan-Kettering Cancer Center. IBM Watson and quest diagnostics launch genomic sequencing service using data from MSK [EB/OL] [2017-06-05]. https://www.mskcc.org/ibm-watson-and-quest-diagnostics-launch-genomic-sequencing-service-using-data-msk.

[3] IBM Watson Health. IBM Watson for genomics helps doctors give patients new hope[EB/ OL][2017-06-05]. https://www. ibm. com/ watson / health / oncology-and-genomics / genomics/.

[4] 谢俊祥，张琳 . 国内外医疗人工智能战略及细分领域现状分析 [J]. 医学信息学杂志，2020，41(6):2-7, 14.

[5] 中华人民共和国中央人民政府 . 国务院办公厅关于推动公立医院

高质量发展的意见 [EB/OL][2021-03-07]. http://www.gov.cn/zhengce/content/2021-06/04/content_5615473.htm.

[6] 张钹，朱军，苏航 . 迈向第三代人工智能 [J]. 中国科学：信息科学，2020，50（9）：1281-1302.

[7] 中华人民共和国中央人民政府 . 关于印发公立医院高质量发展促进行动（2021—2025 年）的通知 [EB/OL][2021-03-07]. http://www.gov.cn/zhengce/zhengceku/2021-10/14/content_5642620.htm.

作者简介

卢清君，国家远程医疗与互联网医学中心主任、中日友好医院发展办公室主任，研究方向为分子生物和生化及细胞生物学领域的信号转导。现从事互联网诊疗与远程医疗的深度融合及应用研究。

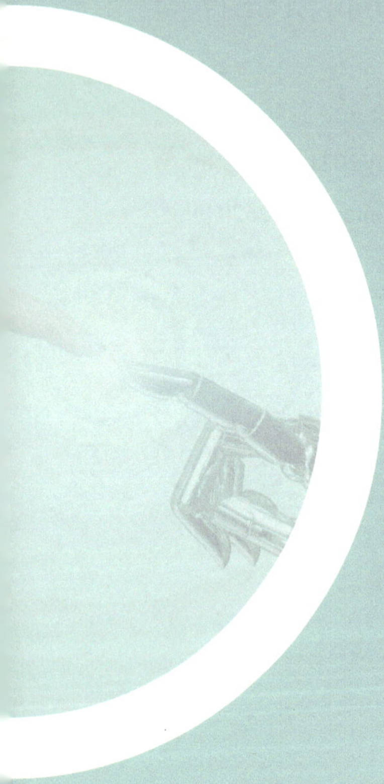

人脑信息处理机制及人类智能形成机制是什么?

人脑信息处理机制及人类智能形成机制尚不清楚。人类可以在不提供大量训练数据的情况下学习和成长，并且可以灵活地将所学应用于未学习过的新案例。但人工智能目前正遭遇这一瓶颈。有哪些新方式能清晰地了解人类智能形成机制、阐明人脑信息处理机制、推进先进人工智能理论突破以及在真实环境中的广泛应用?

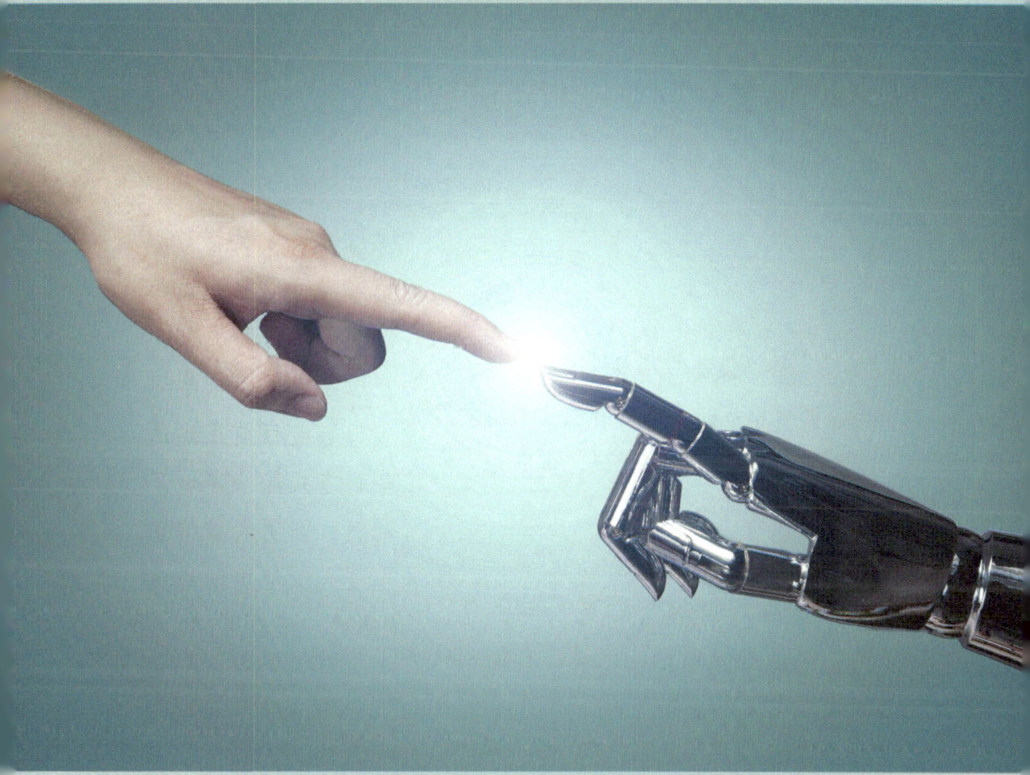

人脑信息处理机制与类脑智能

■ 任福继　李太豪

人脑以极强的可塑性、通用性、自适应性、自组织性以及低能耗、高效率等，为人工智能技术的发展提供了启发和示范，并催生了类脑智能这一新兴学科。类脑智能被认为是后摩尔时代最具发展潜力的颠覆性领域之一。

类脑智能研究借鉴人脑的信息处理方式，有助于打破冯·诺依曼体系结构束缚，有望引领人工智能从机器智能走向人机增强智能，从专用智能走向通用智能。本文从人类智能形成与人脑信息处理机制出发，分析相关领域的研究现状和主要问题，从人脑信息加工过程和功能视角（包括感知、注意、学习、记忆等）论述如何让机器具备类脑智能。

本文共分为四部分。第一部分为“问题的定义与内涵、科学意义与战略价值”，主要阐述类脑智能研究的意义和两种研究思路：神经形态计算（neuromorphic computing）和脑启发计

算（brain-inspired computing）。第二部分为“研究现状和主要问题”，从信息的获取、处理、存储等角度，以及综合考虑人脑在信息处理方面的显著优势，将类脑智能划分为感知智能、学习智能和记忆智能等，并从类脑感知、类脑记忆和类脑学习三方面进行讨论。第三部分为“未来发展方向和需要解决的关键科学问题”，认为类脑感知未来的研究应聚焦于跨模态融合和泛化注意力机制，并应用于计算机视觉、语音、具有拓扑结构与嗅味觉的信息处理中；类脑记忆应重点解决对生物大脑的长时记忆、短时记忆、工作记忆等不同种类记忆方法的建模，探索

不同记忆的脑机制，以及如何对记忆进行表示、如何构建层次化记忆、如何对记忆进行去冗余处理、如何快速激活记忆单元等关键问题；类脑学习要重点解决对不同类型神经元、突触、脑区等的建模，研究不同类型的神经信号的表征及建模，研究基于多层次特征单元的感知信息语义的学习方法，研究多模态协同、具有环境自适应、通用性、拥有良好扩展和泛化能力的自主学习机制，实现交互式学习，实现具备推理、决策与判断、联想等功能及其协同的类脑学习计算模型。第四部分为“具体可实施的措施建议”，主要从谋划重点研究方向，积聚力量协同攻关；坚持引育并举，加强交叉学科人才培养；推进类脑大科学装置建设，促进新技术新方法的运用；促进产学研用结合，培育高水平经济增长点四个方面提出了具体建议。

一、问题的定义与内涵、科学意义与战略价值

脑科学被视为理解宇宙、自然与人类关系的“终极疆域”，人类从未停止对人脑的探索，以及对其运行机制的模仿。人脑以极强的可塑性、通用性、自适应性、自组织性以及低能耗、高效率等，为人工智能技术的发展提供了启发和示范。类脑智能这一新兴学科得以诞生，被认为是后摩尔时代最具发展潜力的颠覆性领域之一。

类脑智能研究具有重大意义，借鉴人脑的信息处理方式，有助于打破冯·诺依曼体系结构束缚，有望引领人工智能从机器智能走向人机增强智能，从专用智能走向通用智能。因此，

目前世界各主要发达国家和地区都在积极推动类脑智能的发展。该领域全球重大项目密度逐年提升，不仅有官方主导的大科学计划，如欧盟的“人类脑计划”、美国的“推进创新神经技术脑研究计划”以及我国的科技创新 2030——“脑科学与类脑研究重大项目”等，而且有谷歌（Google）、微软（Microsoft）、Neuralink、国际商业机器公司等高科技公司的大力度投入。

在世界百年未有之大变局的宏观背景下，科技主导经济发展和技术制衡国家地位的特征更加明显，类脑研究已上升为西方发达国家的科技战略重点和力推的核心科技发展领域，大国之间的竞争日趋白热化，有可能催生新一轮科技革命并重塑国际规则和秩序，并将深刻影响世界政治和经济格局。

类脑智能又被称为神经形态计算，旨在模拟人类大脑的形态结构及信息处理机制。一方面，突出生物学基础和硬件导向，以神经形态硬件仿真为核心，开发类脑芯片，模拟神经电路结构和脉冲神经网络，并利用神经脉冲计算原理形成新型物理模式；另一方面，突出感知模式、认知机理、学习能力、记忆存储等功能实现，在脑智能机制研究的基础上，借助机器强大的整合、搜索、计算等能力，实现功能类脑和性能超脑的运行模式。

由于篇幅限制，本文侧重于从第二个方面展开，即从人脑信息处理机制与人类智能形成机制出发，立足人脑信息加工过程化和功能化视角（包括感知、注意、学习、记忆等），论述如何让机脑具备人脑智能。同时，我们更多地从功用的角度出发，暂不探讨自我意识等高级认知功能。

从哲学观点出发，自然选择并不必然意味着智能发展，其中蕴含着对于生存的妥协和生物体依附关系的辅助[1]。因此，人类大脑作为自然进化的产物，仍然存在诸多弊端和局限，并非其所有的运行机制都是科学的和值得被模仿的，其信息处理的方式亦然。诸如记忆容量有限、学习过程缓慢、计算能力个体差异明显等，这就需要梳理明确机脑究竟在哪些方面应该借鉴人脑之所长，在哪些方面恰恰应该发挥机脑与人脑相互协同之作用。

在信息处理方面，人脑有几个显著优势：一是能够很好地处理非结构化信息，能够多模态感知并行处理数据，动态过滤和捕捉关键内容，并进行跨媒体融合和自主决策；二是小样本学习和泛化能力强，在知识和资源相对不足的条件下，主体具有强有力的自适应能力，具有强容错性；三是存算一体化，大脑的生物神经元同时具备运算和存储能力，具有一体化运行和超低能耗的特点；四是大脑建模不仅可以通过计算来实现，还具有稀疏性、学习性、选择性和方向性等生物特性，蕴含巨大的信息处理潜能。

要最终形成“人造超级大脑”，还有很长的路要走，目前的类脑研究尚处于初级阶段，仅是对大脑的高度抽象和简化。未来研究路径应该对大脑如何进行信息加工加以揭示，阐明复杂行为之下的内在机制实现形式，特别是了解神经信息如何产生感知觉、学习、记忆、决策等认知功能，并思考如何通过机脑实现智能，建立新型的计算结构与智能形态，使其在信息处理机制上“类脑”，在信息处理性能上“超脑”，在认知行为和智能水平上“类人”。

二、研究现状和主要问题

从信息的获取、处理与存储等角度，以及综合考虑人脑在信息处理方面的显著优势，类脑智能可以划分为类脑感知、类脑记忆和类脑学习等，我们着重从三个方面展开论述。

（一）类脑感知

根据人类感知世界的方式，类脑感知可以分为视觉智能、听觉智能、触觉智能和嗅味觉智能。当前的视觉智能、听觉智能由于基础硬件、底层架构、交互系统与应用内容等各层面的全方位发展，处于信息技术领域学术研究与实际应用的最前沿。相比之下，触觉智能和嗅味觉智能处于材料硬件、规模化芯片硬件和类脑芯片结构创新的研究阶段。

在基础研究层面，类脑视觉智能（也可称为计算机视觉或模式识别）从早期以流形学习（manifold learning）为代表的子空间法（subspace method）发展为目前以深度学习（deep learning）为代表的视觉方法。1982 年，大卫 · 马尔（David Marr）的《视觉》（*Vision*）一书问世，标志着计算机视觉成为一门独立学科。大卫 · 马尔提出的视觉计算理论首次将视觉问题形式化为可计算的视觉信息处理问题，使得视觉计算理论成为跨界计算机科学与认知神经科学的桥梁，并从计算角度将视觉信息处理分为初级、中级和高级三个类脑认知阶段。与计算机视觉领域密切相关的欧洲计算机视觉国际会议（European Conference on Computer Vision，ECCV）、国际计算机视觉大会（IEEE International Conference on Computer Vision，ICCV）和国际计算机视觉与模式识别会议（Conference on Computer Vision and Pattern Recognition，CVPR）等学术会议已经引领着该领域前沿基础方法的研究。面向视觉底层处理的切割、去噪与目标检测、跟踪已经完成跨模态信息转换（如文本生成图片）等高层任务，不同的类脑神经网络框架与其他领域的模型，如自然语言处理（Natural Language Processing，NLP）领域的转换器（transformer）已经取得最先进的性能。在产业发展层面，视觉智能从上游的光源、镜头、相机，到视觉系统中游的中间算法，再到下游的设备制造和终端应用等已经取得全面的发展。

相比于视觉智能，听觉智能作为另外一个发展较为成熟的领域，其主要研究内容以自然语言处理为核心，以语音和文本为载体，对抽象的信息进行表达。语音信号处理包括物理层面的语音合成、语音去噪、编码、传输与识别，以及近期随着跨模态的发展而衍生出的语音情感计算与语音生成等研究方向。深度学习技术让机器通过训练获得与人类听觉感知相似的机制，从而认知周边的声场环境，从复杂场景中提取、识别人声，然后再检索、生成对应的回复。目前，听觉智能技术可训练性、泛化学习和强化学习是决定深度神经网络等技术能否应用于实际产品中的重要环节。在应用层面，语音信号处理技术已广泛应用于虚拟主播、在线通话、智能音箱等。自然语言理解是高层语义上的文本信息处理方法，该类信息处理可以来自视觉或听觉。自然语言处理的五个主要研究任务是分类、匹配、翻译、结构预测和序列决策，其中深度学习方法在前四项任务中的应用可以取得显著优于传统方法的性能。在第五项任务中，包括多轮对话和闲聊等，深度学习方法的性能优势还在进一步研究当中。当前自然语言处理最前沿的研究方向为结合预训练语言模型完成下游任务。预训练模型包括基于循环神经网络（Recurrent Neural Network, RNN）的基于语言模型中的嵌入表示（Embeddings from Language Models, ELMO）和基于转换器的生成式预训练（generative pre-training, GPT），以及基于转换器的双向编码器表示（Bidirection Encoder Representations from Transformers, BERT）。迅速发展的自然语言处理预训练方法也已经逐渐被应用于视觉领域。在产业界，自然语言处理技术已经被用于机器翻译、聊天机器人、舆情分析和市场预测等各个领域。

触觉智能是相对于上述视觉智能和听觉智能发展较为缓慢的一类感知技术。为了实现机器人准确地感知世界，需要全方位的视觉智能与触觉智能。2021 年诺贝尔生理学或医学奖得主、美国加利福尼亚大学旧金山分校的戴维·朱利叶斯（David Julius）和斯克利普斯研究所的阿德姆·帕塔普蒂安（Ardem Patapoutian）分别独立发现了温度与触觉的受体，该发现揭示了人体皮肤感知温度、压力及疼痛的分子机制，即揭示了外部的温度和机械刺激是如何转化为内部的神经信号的。以该类发现为启发，机器的触觉智能以新材料为切入点，感知环境的温度、压力与湿度等各种信号，通过神经网络等机器学习方法自适应地学习模型参数，使得机器具备感知触觉的能力。目前生产的触觉传感器的主要类型是基于压阻、压电、摩擦电、电容、光学和磁传感方法来检测物体的形状、纹理和力。碳纳米管（carbon nanotube）和二维材料作为替代材料已经在柔性高性能传感器中被广泛研究。

与触觉智能相似的是，嗅味觉智能的研究难点也在感知材料层面，而不是后续的深度学习算法与认知训练层面。人工智能对味觉与嗅觉的识别，进展远远落后于对视觉和听觉的识别。原因之一是视觉与听觉的数据获取相对容易且标注较为简单。而相比之下，嗅觉与味觉的标注非常稀疏，且大部分物品并不会被轻易标注，因为人类不会自己去尝试陌生物品的味道。在基础理论层面，人类对味觉和嗅觉的机理研究并不透彻，目前的认知仅停留在味道与物质分子有关，而对分子之间的联合作用不存在类似视觉的系统认知。因基础理论认知的缺失、感知材料的发展限制，嗅味觉智能尚未在工业界广泛应用。在学术研究层面，IBM 研究院于 2019 年研发的“电子舌头”能在 1 分钟内识别多种液体，可以用于监测食品安全、工厂质检、疾病诊断、环保检测等领域。2020 年，英特尔（Intel）与康奈尔大学在《自然-机器智能》上联合发表论文，宣布其利用英特尔神经拟态芯片 Loihi 可以识别 10 种有害气体。

在感知多方位的信息后和人脑进行信息处理之前，人脑对大量的信息会基于注意力机制进行筛选，并将资源重点用于面向任务的关键信息处理。类脑注意力智能已经被应用于深度学习的各个领域，如视频图像处理、语音识别和自然语言处理等。注意力机制启发于人类视网膜对于视觉信息处理时分类视觉信息处理资源的不均匀性。在有限的信息处理资源下，注意力智能强调从复杂的环境中选取多个信息，并对整个输入的子集信息提取局部特征，然后面向不同的任务分配信息处理资源。注意力智能对于信息后续的学习、理解、推理与生成有着重要的作用，是认知智能的重要组成部分。当前注意力机制发展最为成熟的领域是自然语言处理，它通过编码-解码器来实现对词语的注意权重。

（二）类脑记忆

生物人脑在进行信息处理时，能够将信息记住一段时间，即大脑具有记忆功能。该功能是生物大脑的重要功能，是大脑进行学习、认知的基础。根据记忆时间的长短，可将记忆分为短时记忆和长时记忆。短时记忆是对当前环境的即时反应，将当前环境数据存储于生物大脑中，从微观角度来看，短时记忆是刺激神经元后的持续性变化。长期记忆是对历史信息的高层次概括，从微观角度来看，是神经元之间的突触连接和强度发生了变化[2]。具有记忆单元的智能体有很好的自适应能力，可以从历史经验中学习，从而更好地发挥作用。受到脑科学的启发，研究人员将记忆模块应用于机器学习模型中。长短期记忆（long short-term memory，LSTM）网络就是一种代表性方法[3]。它通过对神经记忆单元进行结构化设计，通过门控模型控制信息的更新。其中，遗忘门控制信息中的哪些部分会被丢弃，输入门控制神经元要更新的信息，输出门控制神经元要输出的信息，一个细胞状态中存储着由遗忘门和输入门共同确定的可记忆的信息。LSTM 方法将信息表示成固定长度的向量化编码，当外部信息量变大时，这种定长的编码方法可能会丢失信息的细节。这导致了 LSTM 的记忆能力有限，并不能精确地记住过去的事实。此时的大部分模型都缺乏可以读取和写入外部知识的组件。

在此基础上，研究人员开始研究非定长的记忆单元存储信息。Facebook 团队提出的记忆网络（memory network）就是其中一种[4]。该团队在记忆网络中引入了一个独立的存储器。我们可以通过类比方式来理解这种网络：网络结构可看作计算

机中的中央处理器（central processing unit，CPU），而独立存储器可看作随机存储器（random access memory，RAM）。一个记忆网络由一个记忆数组和四个组件（输入组件、泛化组件、输出组件、回答组件）组成。输入组件负责将输入数据转化为网络内在的向量；泛化组件用来更新记忆数组；输出组件结合输入，从记忆数组中抽取合适的记忆；回答组件负责将输出组件的输出转化为需要的形式。

记忆网络虽然解决了定长记忆方法的局限性，但这种方法并不是一种端到端的方法。端到端的记忆神经网络随之出现了[5]。键值（key-value）记忆网络[6]的提出解决了端到端的神经网络记忆规模不足的问题。以上方法通过非定长记忆编码的方式改善定长记忆方法的缺陷，但随着记忆的增长，这种方法可能会造成信息的冗余。因此，学者又引入了注意力机制来对信息进行动态融合，提取记忆中的重要信息[7]。目前，相关工作已经在问答系统、机器翻译等任务中取得了良好表现。

尽管目前的神经网络计算模型对记忆的借鉴已经在应用层面取得了良好的效果，但这些方法仍然是从功能角度去模拟大脑，其进一步的发展还需要对人脑记忆机制和原理进行深入的探索。

（三）类脑学习

生物大脑的学习智能来源是其有着超大规模和复杂互联的神经网络，通过模拟生物神经网络从而实现类脑学习是类脑智能的发展思路之一。在人工神经网络发展初期，学者通过模拟脑神经系统结构，并以此为出发点展开了类脑智能的研究。早期的方法并不直接使用脑科学神经系统的直接证据，而是借鉴神经元和突触的工作原理。感知机是这些方法中广为人知的一种[8]，它包括一系列的输入，输入被传入一个细胞体中，在细胞体中进行运算，如果计算结果满足一定的条件，就会产生一个输出。感知机模型在学习过程中，其结构中的权值是自学得到的。但马文·明斯基（Marvin Minsky）等指出，单层的感知机不能表示异或函数。误差逆传播算法带动了人工神经网络的发展。但传统的人工神经网络是在微观尺度上模拟脑神经系统，并未从信息处理机制的角度进行模拟，人工智能的研究人员目前已经意识到借鉴该机制可能带来的好处。

近年来蓬勃发展的深度神经网络利用生物大脑在进行信息处理时的层次化信息，在诸多领域取得了重大突破。卷积神经网络（Convolutional Neural Network，CNN）就是一个很好的例子[9]。卷积神经网络通过对网络结构进行改造，使其某些神经元共享相同参数，可以提取输入数据某种不变的特征。受生物视觉系统的启示，卷积神经网络在进行图像处理时，对局部感受野进行操作，随着处理层数的增加，感受野也不断扩大。这个过程模拟了生物大脑进行物体识别的层次化处理过程，在人类视觉系统中，存在着 LGN-V1-V2-V4-IT 区视觉通路。这个视觉通路先提取低级的边缘特征等，再到更高级的（如目标）特征。这一过程正好与卷积神经网络的工作过程一致。已有研究表明，深度神经网络提取的特征与灵长类动物识别的特征具有强相关性，证实了二者在视觉上的相似性[10, 11]。虽然卷积神经网络从某种尺度初步借鉴了人脑信息处理的部分原理，但其仍是浅层的初步尝试，对脑信息处理机制的深度借鉴还有很长的距离。

神经学研究显示，大脑新皮质的功能实现依赖于其区域连接组成的层次结构。该理论是 Hawkins 等提出的皮质学习算法[12, 13]的理论基础，认为人脑的智能与新皮质紧密相关。生物大脑的运行机制将接收到的信息与脑中记忆进行匹配，进而产生反应，皮质学习算法中的核心部分是分层时间记忆（Hierarchical Temporal Memory，HTM）算法，该算法模拟了大脑新皮质结构和功能运作。分层时间记忆算法采用层级结构，由底层到高层地提取不变特征，通过高层级之间的组合，可以使得网络有较高的泛化能力。除强调信息模式的空间特性外，分层时间记忆算法还引入了时间维度，强调信息模式的时间特性[14]。神经科学研究已证明，脑皮层中的反馈神经元连接比前馈多得多，但传统的人工神经网络更关注前馈神经元，而分层时间记忆算法关注信息的双向流动。与传统的人工神经网络不同，分层时间记忆算法并不是针对某一个特殊任务设计的。Hawkins 等认为，只要对该网络进行合理训练，就能适用于大部分人工智能任务[12,13]。虽然该模型目前已经在数据处理领域得到了广泛的应用，但只是对大脑皮层对应的功能进行粗略建模，与大脑的真实结构差距甚远。

20 世纪 90 年代，神经生物学家发现，在神经元细胞体或轴突附近存在一系列的短脉冲，而且不同的信息在尖脉冲数量和脉冲输出的时间上存在差异[15]。这些研究成果促使了脉冲神经网络（Spiking Neural Network, SNN）的产生[16]。SNN 被称为第三代神经网络，对比前两种人工神经网络，SNN 的设计更加接近生物大脑的真实结构，是对真实的生物神经元进行建模。SNN 通过尖脉冲传递信息，相对于传统的人工神经网络，具有以下优点。一是 SNN 速度快、实时性高。这是由于 SNN 融合了时间和空间信息，可以有效地对动态环境进行表示。二是 SNN 的生物可解释性更高。三是 SNN 的计算能力强、功耗更低，可以用更少的神经元完成更复杂的任务，是通向无监督学习的道路之一。四是 SNN 更加硬件友好，可以通过硬件电路进行模拟。目前，已有理论证明 SNN 可以逼近任何连续函数，SNN 的应用前景更加开阔，目前在模式识别[17]、脑电信号处理[18]、智能感知和控制[19]方面有着良好效果，但在图像或语音处理的效果方面仍然是个未知数。除此之外，SNN 训练算法的理论发展尚需完善。例如，在 SNN 的研究中，神经信息编码和学习往往被孤立研究，二者并没有统一作为一个完整的计算过程。

神经网络模型目前取得的重大进展离不开大量的训练数据。而在现实场景中，可能不存在或只有很少的标注数据。在此条件下，神经网络模型的性能就会大大降低。与此相反，对于人类来说，学习新的知识并不需要很多标记数据。这是由于人类在学习新任务时，会有其他的先验知识可以用于联想或者类比学习，人类只需要通过少量样本就能快速学习，这就是机器学习和人类学习之间存在的差距。受到人类学习观点的启发，对于机器来讲，虽然在一个任务上的数据集可能很小，但如果有很多其他的数据集，可不可以借鉴人类学习的过程，从而通过其他任务的学习促进当前任务的学习？元学习（meta learning）就是基于此思想发展而来的，使得机器学习更加接近人类思维。元学习又被称为学会学习，是利用以往的经验来指导新任务的学习，使人工神经网络具备学习的能力。模型无关元学习（Model-Agnostic Meta-Learning，MAML）是一种代表性的元学习方法[20]。在 MAML 中，每一个任务都有自己的目标函数，它通过在其他任务上不断训练，初始化模型的参数，从而在进行一个新任务的训练时能够更快地学习。元学习尽管取得了一些成绩，但还有自适应性、进化性、可解释性等一系列问题有待研究，其系统理论知识尚需进一步完善。

实现类脑智能的基石是类脑神经形态硬件。在传统计算机架构中，计算与存储单元之间互相分离，导致功耗大、速度低等问题。忆阻器是一种新型纳米器件，忆阻器结合微纳传感器工艺构建感知、存储、计算一体的相关技术逐渐成熟。Zhang 等[21]通过集成压阻传感器和忆阻器实现了触觉识别。Sun 等[22]利用忆阻器的短期可塑性，通过对声音强度、频率等的抑制，实现了声音的定位，其示意图如图 1 所示。Tong 等[23]使用一种红外智能传感二维材料，提出了与铁电近邻耦合实现感知、存储、计算一体的新方法及其架构，其架构如图 2 所示。

三、未来发展方向和需要解决的关键科学问题

类脑智能的各个方面有着各不相同的发展现状和各自需要

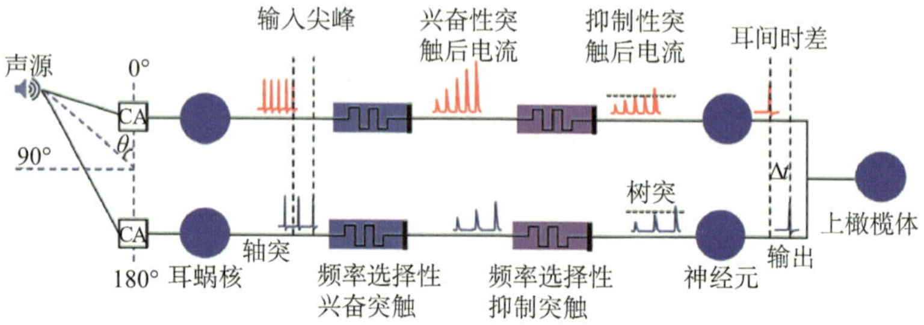

图1　听觉感知、存储、计算一体技术

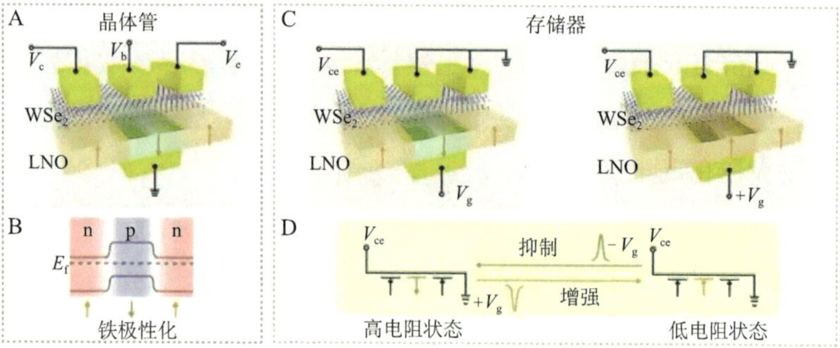

图2　同质晶体管、存储器架构的原理及器件结构

解决的关键科学问题。

在类脑感知方面，现有的神经网络已经在计算机视觉、语音处理和自然语言处理等领域发展较为完备，且在工业界有了广泛的应用。触觉智能和嗅味觉智能的研究目前主要是在传感器设计与机理研究层面。在获取物理世界的信息之后，类脑感知需要融合多维感知信息，形成多层次演进学习与迁移学习的智能体。人脑可以通过不断的在线学习和进化，实现这种多模态协同的自主学习计算模型，目前机器如何模拟人脑对提高机器的多模态感知能力具有重要意义。一种研究范式为对多种特

征表示和语义识别模型进行适应，基于类脑感知信息表达和识别模型，实现跨模型和模态的训练。目前大规模的预训练模型充分证明人类可以从海量的无标注文本中学到大量潜在的知识，而无须为每一项自然语言处理任务都标注大量的数据。未来的研究应聚焦于跨模态融合和泛化注意力机制，应用于计算机视觉、语音、具有拓扑结构以及嗅味觉的信息处理中。

在类脑记忆方面，现有的人工神经网络并不具备生物机理作为理论支撑。例如，在生物大脑中，记忆遵循着赫布学习律（Hebbian Learning Law）与脉冲时序依赖的突触可塑性等法则。类脑记忆未来的发展方向应该借鉴生物大脑的研究，根据生物大脑的记忆环路结构及相关理论构建多尺度的记忆框架，实现自主记忆。由于不同种类的记忆类型在神经机制和神经环路上差异明显，因此类脑应重点解决对生物大脑的长时记忆、短时记忆、工作记忆等不同种类记忆方法的建模，探索不同记忆的脑机制。除此之外，类脑记忆还应解决如何对记忆进行表示、如何构建层次化记忆、如何对记忆进行去冗余处理、如何快速激活记忆单元等关键问题。

在类脑学习方面，虽然现有的深度神经网络已经模拟了生物大脑信息处理的部分原理，但这只是初步的探索，并没有从更深层次去融合神经生物学的相关理论。目前，在微观层面，神经生物学在神经元和突触的类型、数目及其工作原理等方面都取得了不少进展，发现它们在不同的脑区中差异很大，且能根据实现功能的不同动态变化调整，可以通过深度融合生物大脑的学习机制来提升现有模型。

因此，在未来的类脑学习研究中，应进一步融合生物规则，借鉴脑科学、神经科学、认知脑计算模型的研究结果，基于多尺度脑神经系统数据分析结果，对脑信息处理系统进行计算建模，构建类脑多尺度、多脑区协同的神经网络计算模型，重点解决对不同类型神经元、突触、脑区等的建模，研究不同类型的神经信号的表征及建模，研究基于多层次特征单元的感知信息语义的学习方法，研究多模态协同、具有环境自适应、通用性、拥有良好扩展和泛化能力的自主学习机制，实现交互式学习，实现具备推理、决策与判断、联想等功能及其协同的类脑学习计算模型。

四、具体可实施的措施建议

（一）谋划重点研究方向，积聚力量协同攻关

建议在类脑智能领域加强顶层设计，深化基础理论建设，推动信息科学与神经科学、认知科学、医学等相关基础学科的交叉融合，更好地解决人脑意识的产生，以及信息编码、处理、记忆、学习等底层机理问题，从而为类脑智能提供更加深入的基础理论支撑；建议深化共性技术体系建设，突出在感觉信息捆绑与神经计算模拟、多模态感觉整合与计算模拟、存算一体计算模拟、注意神经机制模拟、语言认知与模拟等方向的力量布局，建立大规模、系统关联的类脑智能计算新模型和脑启发的认知计算模型，发挥类脑计算在跨媒体分析、群体智能、混合增强、自主无人系统、自然语言处理等领域的引擎作用。

（二）坚持引育并举，加强交叉学科人才培养

建议加强高端人才引进工作，设立专门渠道和支持性政策，注重柔性引才，特别是引进一批在类脑领域具有突出影响力的顶尖专家，发挥“领雁”带动作用，突出前沿导向和质量驱动；建议谋划设立脑与类脑国家实验室以及面向全球的分支机构，发挥领域内人才集聚和协同创新优势，突出“大兵团”导向，突出重点方向的人才科研经费扶持和倾斜，避免“低小散”项目的设立；建议在人工智能教育体系下设“类脑智能”交叉学科，鼓励高校开展“计算机科学 + 神经科学”“计算机科学 + 认知科学”等复合课程设计，突出学科建设在人才培养中的重要作用，不断加强人才储备和梯队建设。

（三）推进类脑大科学装置建设，促进新技术新方法的运用

突出大科学装置的精密性，开发具备大视场和高时空分辨率的仪器迫在眉睫。通过精密的仪器，实现从静态到动态的更宽、更高、更快和更深的原理探索，揭示脑信息处理的机制，为类脑智能提供生物脑基础；突出大科学装置的层次性，综合采用现有的 DNA 测序仪、冷冻电镜平台、神经递质多谱分析仪、荧光显微镜、脑电测量仪、磁共振成像平台等设备，从基因、分子生物、生物化学、神经元、机体激活等不同层面和水平，综合立体地理解人脑运行的逻辑，启发类脑智能新理论、新算法和新框架；突出大科学装置的仿真性，结合信息科学、材料科学、系

统科学的专业知识，开发具有自适应性和自组织性的脑解析仿真平台，为类脑硬件和智能设备测试提供基础。

（四）促进产学研用结合，培育高水平经济增长点

促进类脑智能技术、成果、系统等的转化和产业应用。例如，可以借鉴脑认知系统，研究基于语言和语义的强化学习模型，开发人机交互的强化学习系统；基于脉冲神经网络和深度学习算法，建立适用于通用人工智能开源软件平台；基于鲁棒迁移学习框架，开发无人机决策智能系统，在目标探索、危险躲避等方面达到或接近人类水平；基于高可信类脑听觉前端模型，提升目标听觉信号检出与调制性能，在智能家居、视频会议等实际应用的复杂视听觉场景中进行部署和验证。同时，重视神经科学伦理问题，重视人脑与认知相关的数据隐私及多方数据共享，建立完善的伦理规范，建立符合科学伦理的监管机制，建立公众信任。

参考文献

[1] Pinker S. How the Mind Works [M]. New York: W. W. Norton & Company, 1999.

[2] Chaudhuri R, Fiete I. Computational principles of memory [J]. Nature Neuroscience, 2016, 19(3): 394-403.

[3] Hochreiter S, Schmidhuber J. Long short-term memory [J]. Neural

Computation, 1997, 9(8): 1735-1780.

[4] Weston J, Chopra S, Bordes A. Memory networks [C]. 3rd International Conference on Learning Representations, 2015: 1-15.

[5] Sukhbaatar S, Szlam A, Weston J, et al. End-to-end memory networks [C]. Advances in Neural Information Processing Systems, 2015: 1-9.

[6] Miller A, Fisch A, Dodge J, et al. Key-value memory networks for directly reading documents [C]. Proceedings of the 2016 Conference on Empirical Methods in Natural Language Processing, 2016: 1400-1409.

[7] Mnih V, Heess N, Graves A. Recurrent models of visual attention [C]. Advances in Neural Information Processing Systems, 2014: 2204-2212.

[8] Minsky M, Papert S A. Perceptrons: An Introduction to Computational Geometry [M]. Cambridge: The MIT Press, 2017.

[9] LeCun Y, Boser B, Denker J S, et al. Backpropagation applied to handwritten zip code recognition [J]. Neural Computation, 1989, 1(4): 541-551.

[10] Cadieu C F, Hong H, Yamins D L K, et al. Deep neural networks rival the representation of primate it cortex for core visual object recognition [J]. PLoS Computational Biology, 2014, 10(12): 1-18

[11] Yamins D L K, Dicarlo J J. Using goal-driven deep learning models to understand sensory cortex [J]. Nature Neuroscience, 2016,

19(3): 356-365.

[12] George D, Hawkins J. Towards a mathematical theory of cortical micro-circuits [J]. PLoS Computational Biology, 2009, 5(10): 1-26.

[13] Hawkins J, Blakeslee S. On Intelligence [M]. London: Times Books, 2007.

[14] Ahmad S, Hawkins J. Properties of sparse distributed representations and their application to hierarchical temporal memory [J]. Eprint Arxiv, 2015: 1-18.

[15] Maass W, Bishop C M. Pulsed Neural Networks [M]. Cambridge: The MIT Press, 1999.

[16] Maass W, Natschläger T, Markram H. Real-time computing without stable states: a new framework for neural computation based on perturbations [J]. Neural Computation, 2002, 14(11): 2531-2560.

[17] Wysoski S G, Benuskova L, Kasabov N. Fast and adaptive network of spiking neurons for multi-view visual pattern recognition [J]. Neurocomputing, 2008, 71(13): 2563-2575.

[18] Luo Y L, Fu Q, Xie J T, et al. EEG-based emotion classification using spiking neural networks [J]. IEEE Access, 2020, 8: 46007-46016.

[19] Oniz Y, Kaynak O. Control of a direct drive robot using fuzzy spiking neural networks with variable structure systems-based learning algorithm [J]. Neurocomputing, 2015, 149: 690-699.

[20] Finn C, Abbeel P, Levine S. Model-agnostic meta-learning for

fast adaptation of deep networks [C]. Proceedings of the 34th International Conference on Machine Learning, Proceedings of Machine Learning Research, PMLR, 2017: 1126-1135.

[21] Zhang C, Ye W B, Zhou K, et al. Bioinspired artificial sensory nerve based on nafion memristor [J]. Advanced Functional Materials, 2019, 29(20): 1808783.

[22] Sun L, Zhang Y, Hwang G, et al. Synaptic computation enabled by joule heating of single-layered semiconductors for sound localization [J]. Nano Letters, 2018, 18(5): 3229-3234.

[23] Tong L, Peng Z R, Lin R F, et al. 2D materials-based homogeneous transistor-memory architecture for neuromorphic hardware [J]. Science, 2021, 373(6561): 1353-1358.

作者简介

任福继，国家特聘专家、电子科技大学特聘讲席教授，日本工程院院士。主要研究方向为人工智能、情感计算、信息处理。

李太豪，之江实验室高级研究专家、浙江省海外高层次人才。主要研究方向为人工智能、多模态情感识别、人机交互。

数字革命如何改变人类社会的可持续发展模式?

以大数据、云计算、人工智能、空间技术、网络通信技术等为代表的数字技术，在数字地球、全球变化、高能物理、基因组计划、深空探测等领域成为科学发现与知识创新的新引擎，改变了人类生活及人类对世界的深层理解。人们能否将社会、经济和环境协同的可持续发展问题更准确地用数字化表达？如何更好地实现多领域可持续发展目标进展的跟踪评估与预测？我们可以创造一个完全数字化模式对地球进行管理吗？

数字革命如何改变人类社会的可持续发展模式?

■ 郭华东　陈　方　孙中昶　李晓松　梁　栋

人类从工业化时代进入信息化时代后，数字革命以前所未有的方式对社会、科技、经济变革的发展发挥着重要作用。以大数据、云计算、人工智能、空间技术、网络通信技术等为代表的数字技术，在数字地球、全球变化、高能物理、生命健康、深空探测等领域成为科学发现与知识创新的新引擎，改变了人类对生物构造与物理环境等的深层理解。2015 年，联合国通过 17 项 SDGs，以通过综合方式彻底解决社会、经济和环境三个维度的发展问题，转向可持续发展道路。然而，数据缺失、发展不均衡、目标间关联且相互制约等问题对 SDGs 的落实形成制约。特别是，新型冠状病毒肺炎疫情全球大流行，更凸显了全球数字鸿沟。全球从新型冠状病毒肺炎疫情中实现绿色、低碳、更具韧性的复苏，亟须数字技术等科技创新支撑。为此，人类需要思考以下问题：人们能否将社会、经济和环境协同的可持续发展问题更准确地用数字化表达？如何更好地实现多领域 SDGs 进展的跟踪评估与预测？人们可以创造一个完全数字化模式进行地球管理吗？

一、数字革命与可持续发展

数字革命是人类从工业化时代进入信息化时代的标志性转折过程，意味着人类在社会、科技、经济、文化等关键领域的发展正在发生根本性的变化。以大数据、云计算、人工智能、空间技术、网络通信技术等为代表的数字技术，在数字地球、全球变化、高能物理、生命健康、深空探测等领域成为科学发现与知识创新的新引擎，改变了人们对生物构造与物理环境等的深层理解。同时，个人端智能信息交互设备、千兆级高速宽带互联网、区块链和点对点数据存储及传输模式、数字可视化的信息传播媒体、卫星与超级计算机支撑的三维定位与遥感设备等的快速发展，也颠覆了传统的信息传播和推广模式，加速了人们获取、积累知识的速度，促进了跨地区文明的沟通与交融，成为人类发展全球化趋势中重要的催化剂。

数字技术的发展正给人们的生活带来日新月异的变化，但数字革命这一历史性进程被国际社会所重视却是近几年的事情。比如，在 2015 年联合国发布的重要发展规划性文件《巴黎协定》和《2030 年可持续发展议程》中，对于数字技术在气候变化和可持续发展等关键性问题中扮演的角色与产生的作用所言不多。如何将数字革命与可持续发展有效结合并产生积极作用，是走在拓展人类科技前沿、确保地球长久发展的研究者需要思考并探索的问题。

2015 年，联合国通过 17 项 SDGs，以通过综合方式彻底解决社会、经济和环境三个维度的发展问题，转向可持续发展道路[1]。然而，数据缺失、发展不均衡、目标间关联且相互制约等问题对 SDGs 的落实形成制约。特别是，新型冠状病毒肺炎疫情的全球大流行，更凸显了全球数字鸿沟。全球从新型冠状病毒肺炎疫情中实现绿色、低碳、更具韧性的复苏，亟须数字技术等科技创新支撑。

2018 年，联合国秘书长安东尼奥·古特雷斯（António Guterres）设立数字合作高级别小组，特别针对在全球范围内推进数字合作同各国政府、私营部门、民间社会、国际组织、学术机构、技术界等关键利益攸关方展开圆桌讨论，并于 2020 年发布《数字合作路线图》，专门就数字技术对人类社会的治理、经济、安全、权力与合作进行了分析与发展规划。

2020 年 9 月 22 日，习近平主席在第 75 届联合国大会一般辩论会上宣布中国将设立可持续发展大数据国际研究中心，为落实《2030 年可持续发展议程》提供新助力。2021 年 9 月 6 日，习近平主席向可持续发展大数据国际研究中心成立大会暨 2021 年可持续发展大数据国际论坛致贺信，他指出："希望各方充分利用可持续发展大数据国际研究中心平台和本次论坛，共谋大数据支撑可持续发展之计，加强国际合作，合力为落实 2030 年议程、推动构建人类命运共同体作出贡献。"[2] 为此，可持续发展大数据国际研究中心确定了五大任务：研发和建设可持续发展大数据平台、开展可持续发展指标监测与评估科学研究、研制和运行可持续发展科学卫星、建设科技创新促进可持续发展智库、提供面向发展中国家的教育和培训。

同样关注数字进程与可持续发展的还有德国全球变化咨询委员会（German Advisory Council on Global Change, WBGU）和国际应用系统分析研究所（International Institute for Applied Systems Analysis, IIASA）等众多科研组织及机构。然而，各个科研组织及机构对于数字革命和可持续发展的态度却不尽相同。例如，德国全球变化咨询委员会于2019年发布的报告《面向我们共同的数字未来》（*Towards Our Common Digital Future*）中，着重强调了数字革命对人类未来所带来的隐性问题，提出人类对数字技术发展的主导作用[3]。国际应用系统分析研究所在其发布的《数字革命与可持续发展：机遇与挑战（2019）》（*The Digital Revolution and Sustainable Development: Opportunities and Challenges 2019*）报告中则表达了一种更具建设性的观点，认为“数字化不光是解决可持续发展的‘工具’，也是人类社会从根本变革的基础推动力与敲门砖”[4]。

可以认为，数字革命与可持续发展的关系是相互依托、相互促进，最终达到相互融合的。回顾历史，人类社会从刀耕火种开始，经历了一个又一个革命性的进步——新石器时代出现的陶瓷器具、工业革命时期出现的蒸汽机和纺织机、20世纪50年代诞生的个人电脑等都已成为人类生产、生活中不可或缺的部分。放眼未来，从《2030年可持续发展议程》提出SDGs开始，人类对数字技术支持可持续发展的探索将会不断推进，最终达到数字化的可持续社会，进而开创数字人类纪元。

着眼当下，数字技术和可持续发展问题的协同研究，以及利用数字技术服务可持续发展支撑国家和世界宏观战略发展目标这一系列重要问题亟待研究人员去探索与解决。为此，人类需要思考以下问题：人们能否将社会、经济和环境协同的可持续发展问题更准确地用数字化表达？如何更好地实现多领域 SDGs 进展的跟踪评估与预测？人们可以创造一个完全数字化的模式进行地球管理吗？

二、数字技术支撑可持续发展现状

“数字技术正在塑造历史。但是，也有一种观念认为，它正在与人们一起失控。我们要去哪里？我们的尊严和权利会增加还是减少？我们的社会将变得更平等还是更不平等？我们会变得越来越安全还是越来越不安全？这些问题的答案取决于人们在跨学科、跨角色、跨国家和跨政治分歧中的合作能力。人们负有引导这些技术的责任，以使人类最大限度地受益并减少意外后果和恶意使用。”[5] 2019 年，联合国秘书长安东尼奥·古特雷斯在联合国互联网治理论坛上的这段致辞标志着国际社会正式开始直面数字技术作为人类重要组成部分所带来的影响。从全球角度来看，数字技术与地球管理是相辅相成的。人类作为数字技术的开发者，拥有掌控数字技术发展与使用方向的主导权。同时，人类作为数字产品的最大受益者，也受到了新技术带来的潜移默化的影响。

我们需要注意到，数字技术的发展远早于国际社会开始关注它的时间。《2030年可持续发展议程》中所提出的17个SDGs虽然并未针对数字技术做出明确的定性和规划，但这些目标所具备的整合性、包容性与指向性既为数字技术在全球可持续发展这一重要问题中提供了广泛的应用空间，也为其在未来朝着服务地球文明与生态环境发展指明了方向。

有人类生存的地方就有可持续发展问题。自从人类文明在20世纪50年代逐渐迈入数字化以来，人类的很多数字技术成果已经被广泛地应用于可持续发展相关的众多领域中。

在生命与健康领域，数字医药正成为医疗科技的关键一环。利用计算机科学、机器人科学、应用数学等知识，人类通过3D打印、远程诊断、机器人手术、基因序列、生物科技、基因筛选、虚拟现实疗法等技术为患者提供了有针对性的先进诊疗护理。同时，在全球抗击新型冠状病毒肺炎疫情的过程中，通过大数据与互联网的有效信息梳理与分析，全球许多国家和地区都在追踪与控制病毒蔓延的工作中取得了显著进展。

在教育领域，数字技术的引入将会对促进教育平等化和提升教育质量产生积极影响，从而直接为SDGs第四项目标“确保包容和公平的优质教育，让全民终身享有学习机会”进程提供支持。受惠于互联网和个人移动智能设备的普及，数字化教育模式已经渗透到了人类生活的方方面面。例如，早在1950年，澳大利亚在艾利斯斯普林斯市开创性地利用无线电为偏远地区的学龄儿童提供基础教育课程，为远程教育赋予了“空中课堂”的美名。20世纪60年代，无线电升级成为互联网，电磁波变成了数字信号，人类通过数字技术不断扩大了教育覆盖面，优化了教学方式。谷歌和微软等互联网公司也相继利用各自的平台推广教育数字化产品，如网络视频和播客等，为更多的群体提供教育服务。同时，因新型冠状病毒肺炎疫情造成的全球范围内的学校暂停线下授课问题也迫使教育数字化进程受到前所未有的重视。

教育的普及与质量的提升会间接对其他 SDGs 产生积极影响。最明显的成果便是人们通过知识能够更好地自食其力，在促进社会发展的同时有效解决了贫困、饥饿和住房等基本生活问题。同时，因性别不平等和社会资源不公平分配等导致的问题也会随之得以解决。诚然，这种解决并不意味着对贫困、饥饿等问题的绝对消除，但数字技术支撑教育的普及在宏观层面的积极意义是毋庸置疑的。

在消费、生产领域，数字技术能够为贫困地区提供更加有效、节能的生产工具与应用手段。例如，电脑控制的数字系统能够利用大数据更加精准地计算能源分配与供给；数字化的交通工具与设施极大地降低了不必要的排放和能源浪费；通过数字技术改进传统生产方式，降低了生产能耗和成本，可使更丰富的产品获得更多的机会在贫困地区使用，从而改变不平等现状。

在能源应用领域，石油、煤炭和天然气等能源生产行业可利用数字化的管理工具来降低开采成本，形成具备可持续发展能力的低碳能源生产与使用结构，在造福消费者的同时直接为实现与环境相关的可持续发展目标做出积极贡献。

在资源环境领域，大数据和对地观测技术的结合，使科研人员能够对上百项可持续发展指标进行实时监测，为精准评估地球环境现状、认知发展风险提供科学信息。依靠先进数字DNA、基因生物工程、族群数量与迁徙的卫星追踪等技术，提升对作物、动物精确监测与准确追踪的能力，提高农业、水产业和畜牧业等行业的发展水平。

在金融领域，大数据和网络技术支撑的金融体系，使信息能够更快速地流转与交换，如此金融机构能够利用更充分的信息去寻找和创造更有利的商业机会，消费者足不出户就可以利用智能设备在全球金融市场进行交易。同时，可持续发展观念的普及意味着金融领域对环境保护和能源的影响将进一步加深，衍生出诸如碳交易市场等对可持续发展有积极意义的经济机制，最终形成可持续的循环经济机制。

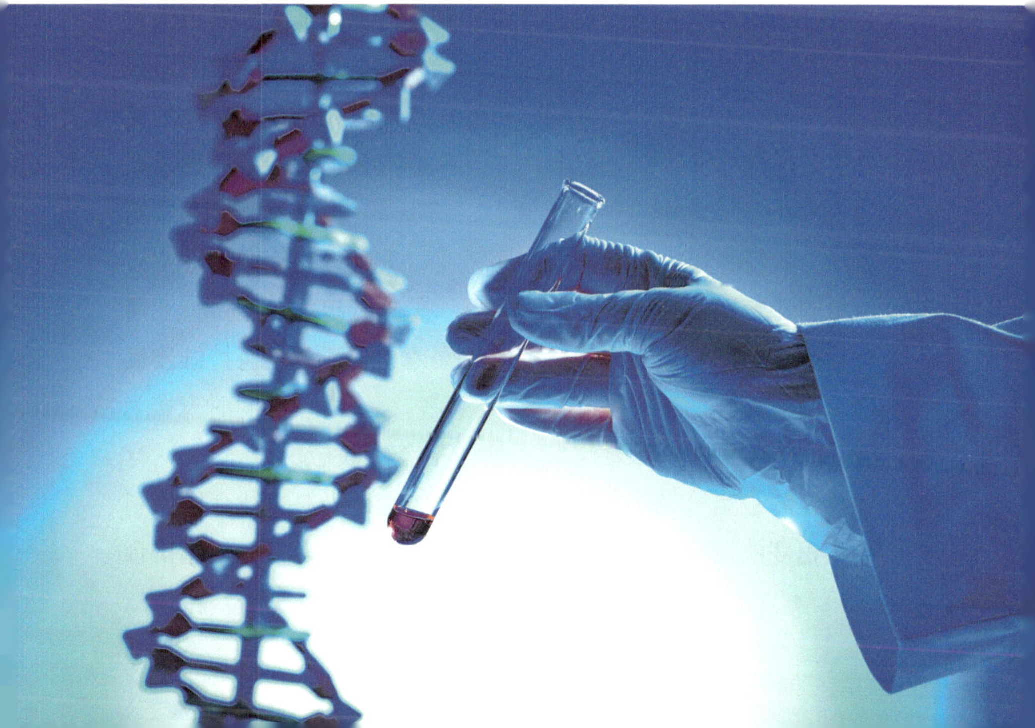

可以说，数字革命是开启人类文明质的飞跃的重要契机，可持续发展则是确保实现这一飞跃的必要条件。在人们积极展望未来的同时，必须要清楚地认识到数字技术发展存在的问题，避免过度崇拜科技而忽略了人文文化的发展。

三、关键科学问题与发展方向

数字技术的应用有助于提高人类社会可持续发展的透明度，并增强真实性，通过融合众多可持续发展相关数据，梳理出其中的关联和关系，可以更好地支撑地球管理决策。当前，数字技术的发展仍存在问题和挑战，主要包括以下几方面。

（1）数字技术在全球的发展存在不平衡、不平等的问题。国际电信联盟（International Telecommunication Union，ITU）的报告《衡量数字化发展：2021 年事实与数字》（*Measuring Digital Development: Facts and Figures 2021*）指出："全球 95% 的人口生活在移动宽带或互联网服务的实际覆盖范围内，然而，只有 63% 的人口能够使用互联网，其中最不发达国家的连通人数最少，仅占其人口总数的 27%。"[6] 在以互联网来承接数字技术应用和发展的社会，无法连接网络意味着相关群体将彻底错过数字革命所带来的红利，加剧社会差别化，产生弱势群体权利无法保障等问题。

（2）数字化意味着信息治理与管控难度的加大。目前，行业领先的数字技术仍然大部分由个别企业所拥有，从而形成了一定程度的技术垄断现象，造成信息使用无法监管、信息安全难以保障、使用者的权益与义务难以划分等。

（3）数字化信息的巨大容量和种类意味着数据收集、处理、分析工作面临史无前例的考验。例如，在当前实现 SDGs 的总体进程中，各国仍有数百个指标尚未找到有效的收集和评估方法。

解决上述问题，既需要国际社会各方的通力合作，也需要对数字革命进行合理的发展导向，分析和认识利用数字技术改变人类社会的可持续发展模式需要解决的关键科学问题，具体包括以下几方面。

（1）建立社会、经济和环境等地球信息的泛数字化新范式。数字革命时代的数据是一种广义的数据，无论是数字还是文字、视频、音频、图片等，任何信息都可以被看作数据。这样，人们就大大地拓展了数据的来源和类型。从社会、经济和环境等数据来源来说，以往的数据都是人们主动观测的结果，而现在的数据主要是智能终端自动生成的结果。除了初始的智能终端是由人研制、安装外，随后的数据基本上都是由智能终端自动记录、采集而产生的，不再有人的参与。由于数据采集方式的智能化，万事万物都可以映射为数据，因此事物的数据就成为反映地球各类事物的一种实在，可以称之为数据实在。反映事物实在的数据实在聚集在一起便构成了一个虚拟世界，可以称之为数字地球。

目前，已经积累了地球系统各层圈大量定量的历史演变数据资料，这些数据具有不同的时空尺度分布，获取的方法和手段各有差异，并具有不同的测量精度。只有对这些数据进行统一规范下的同化、融合和集成，才能更准确地数字化社会、经济和环境协同的可持续发展问题。此外，高精度传感器数据的采集和快速传输是整个数字化分析体系建立的基础，社会、经济和环境等地球信息的传感器分布与传感器网络的构建，需要以快速、安全、准确为原则，通过分布式传感器采集系统的各类物理量信息以表征系统状态。因此，构建集传感、数据采集和数据传输于一体的低成本体系或平台，建立社会、经济和环境等地球信息的泛数字化技术体系与新范式是进行数字化地球管理所必需的基础。

（2）建立大数据驱动的可持续发展目标评估新技术与新范式。2015 年，全球开始了基于 SDGs 的新发展议程，然而，监测这些目标的完成进度是各国统计系统面临的一项艰巨任务。

在《2030年可持续发展议程》通过之后的近6年时间里，处于无方法、无数据状态的SDGs得到了改善，但截至2022年2月，仍有39%的指标处于有方法、无数据状态。有方法、有数据指标的量测以统计方法为主，缺乏有效空间分布信息。不同尺度、客观精准的空间数据可为SDGs的实现提供必要的数据支持。以环境类SDGs指标为例，由于缺少充分有效的数据支持，无法对全球范围内约68%的指标进行及时有效的监测。上升到国家层面，2021年4月，全球SDGs数据库里仅有59%的指标有连续观测数据，差距仍然较大。

如何有效、全面地开展SDGs评估，大数据特别是地球大数据具有强大能力和重大作用。目前，广泛用于可持续发展目标研究的地球大数据主要包括卫星遥感数据、传感网络数据、轨迹数据、社会经济统计数据、观点和行为数据、交易数据及调查数据等，其中卫星遥感数据在与环境相关的可持续发展指标应用中较为常见。从地球大数据在可持续发展目标研究中发挥的作用来看，通过多源数据结合深度学习、人工智能、区块链、空间信息等前沿技术，构建可持续发展目标监测的新方法和新模型，实现可持续发展目标动态、快速监测及预测模拟，可以有效提高监测指标的覆盖范围，并可提供更及时的数据以填补和重构时间序列的空缺，有助于更好地实现可持续发展目标评估。因此，开展大数据驱动的可持续发展目标评估新技术与新范式研究，是未来可持续发展目标监测的重要工作。

（3）建立数字化地球管理新范式。数字地球主要由空间数据、文本数据、操作平台、应用模型组成。其中，数据包括全球性的、多波段、多时相、高分辨率的对地观测影像等空间数据，以及以文本形式表现的与可持续发展相关的农业、资源、环境、灾害、人口等不同类别的数据；操作平台是一种开放、分布式的基于互联网环境的各类数据更新、查询、处理、分析的软件系统；应用模型包括可持续发展相关领域的科学模型。数字地球的实现主要依赖于以下几方面技术的支撑：高性能计算、先进传感采集、数字仿真、智能数据分析、虚拟现实呈现，其针对地球上社会、经济和环境相关目标物理实体对象来构造数字孪生体，从而进行超现实镜像呈现。以数字地球为手段，不仅可以对目标实体的现实状态进行完美细致的刻画，还可以通过数据和物理的融合，实现深层次、多尺度、概率性的动态状态监测、发展态势预测分析，从而以超现实的形式实现实时的地球管理。

利用数字地球建立可持续发展的地球管理新范式，面临多领域融合建模、数据驱动与物理模型融合的状态评估等系列挑战。例如，多领域融合建模能够连接不同时间尺度的物理过程，以模拟众多的人与自然交互影响的科学问题，但难点是多种特性的融合会导致系统方程具有很大的自由度，且需要保障高精度的传感器采集数据来进行模型动态更新。此外，现有地球数字孪生体构建大都建立在机器学习、深度学习等高复杂度、高性能的算法基础上，以期构建数据或数学模型来替代难于构建的物理模型，但如此会带来对象系统过程或机理难于刻画、所构建的数字孪生体表征性能受限等问题。因此，创造一个完全数字化模式进行地球管理还面临诸多理论、方法与技术挑战。

四、思考与建议

数字革命使众多人类活动领域发生了根本性的改变，通过数字世界的挖掘，科学家可以发现数据里面所隐藏的人类社会可持续发展的秘密，找到数据规律并挖掘出所隐含的自然或社会规律。利用数字革命改变人类社会的可持续发展模式仍面临许多难题，为此建议进一步加强以下理论、方法与技术研究。

（一）人地系统的大数据感知理论和方法

数据是影响决策的最重要因素。卫星数据等新的数据来源、新的技术和新的分析方法，如果得到恰当的应用，可以提高决策的灵活性和效率，并更加注重证据，可以更好地监测落实可持续发展目标的进展，确保既包容又公平。当前，在公共与私营部门，大数据分析及数字技术随处可见，个性化服务和预测分析被广泛用于营销、推广与管理。另外，通过类似的技术，还可以获取人们生活水平的实时数据，为弱势群体提供有针对性的援助干预。

为了更好地获取和应用支撑可持续发展的海量数据，需要厘清自然-社会-经济系统可持续发展的关键观测指标因子，研究地球环境和人类社会两大系统的多时空观测方法，发展海量异构可持续发展指标数据的汇聚与泛数字化技术，构建地球大数据感知人与环境系统交互演化的科学理论和方法体系。

（二）可持续发展大数据智能建模与处理技术

大数据具有体量大、结构多样、增长速度快、整体价值大而部分价值稀疏等特点，这些对数据的实时获取、存储、传输、计算与应用等诸多方面提出了全新挑战。传统的面向小数据的数字技术已很难满足大数据时代下的种种需求，因此，突破传统的思维定式和技术局限，面向具体领域的实际应用，深入研究和发展革命性的、可满足时代需求的数据存储、传输、处理与计算的新方法和新技术，从大数据中萃取大价值，并将大数据技术向更多应用领域推广，将成为今后数字技术及相关领域一项紧迫而重大的科学任务。

为此，需开展自然-社会-经济一体化的可持续发展大数据多维建模和标准化技术研究，结合深度学习、人工智能、区块链、空间信息等前沿技术，研究可持续发展指标监测的新方法和新模型，实现可持续发展目标动态、快速监测，进而建立不同时空尺度的可持续发展指标监测体系，实现可持续发展指标的精准监测与度量。

（三）可持续发展数字治理方法

当前，全球范围的数字经济发展势如潮涌。数字治理的目标是实现治理体系和治理能力的现代化，更好地实现可持续发展目标。数字治理需要大数据、互联网、人工智能等前沿数字技术的赋能，更需要治理理念、手段和模式的创新；既需要考虑技术上“能不能”的问题，更需要考虑管理上“可不可行”

以及法治上“可不可以”等问题，防止陷入“唯技术论”和“数据迷信”，做到有所为、有所不为。

为此，需要研究可持续发展指标间的内在关联、地理区域相关性、动态变化规律性，开展大数据驱动的自然-社会-经济耦合的可持续性情景模拟研究，建立可持续发展指标预测模型，实现对各类发展模式情景下的可持续发展状况的动态评价分析和治理仿真。

（四）数字地球科学平台

复杂系统的全寿命周期社会、经济和环境等数据存储和管理是数字地球孪生系统的重要支撑，采用云服务器对系统的海量运行数据进行分布式管理，实现数据的高速读取和安全冗余备份，为数据智能解析算法提供充分可靠的数据来源，对维持整个数字孪生体的运行都起着重要作用。数字孪生体复杂功能的实现在很大程度上依赖于其背后的计算平台，实时性是衡量数字孪生体性能的重要指标，因此，基于分布式计算的云服务器平台是其重要保障，优化数据结构、算法结构等以提高系统的任务执行速度同样是保障系统实时性的重要手段。如何综合考量系统搭载的计算平台的计算性能、数据传输网络的时间延迟以及云计算平台的计算能力，设计最优的系统计算架构，满足系统的实时性分析和计算要求，是应用数字地球进行地球管理的重要内容。

为此，需要研究建立全球可持续发展数据的“数算一体”超融合系统架构，研究集数据、计算、服务于一体的可持续发展大数据共享及云服务新模式，建立新一代数字地球科学平台，研究万物互联数据的全方位地球信息呈现关键技术，实现数据、知识、决策三位一体的可持续发展多维度决策信息支撑。

总之，人类社会的可持续发展，需要以数字技术为科学支撑，促进社会、经济和环境数据与方法的共享，采取绿色、低碳、可持续的手段，实现面向环境变化、减少灾害风险、水资源管理、城市发展、农业和粮食安全、海洋及海岸带保护等方面的数字化地球管理。

参考文献

[1] United Nations. Transforming our world: the 2030 agenda for sustainable development[EB/OL][2022-01-10]. https://sustainabledevelopment.un.org/post2015/transformingourworld.

[2] 中华人民共和国中央人民政府 . 习近平向可持续发展大数据国际研究中心成立大会暨 2021 年可持续发展大数据国际论坛致贺信 [EB/OL][2022-06-10]. http://www.gov.cn/xinwen/2021-09/06/content_5635631.htm.

[3] WBGU-German Advisory Council on Global Change. Towards Our Common Digital Future. Flagship Report [R]. Berlin, 2019.

[4] TWI2050-International Institute for Applied Systems Analysis. The Digital Revolution and Sustainable Development: Opportunities and Challenges 2019[R]. Laxenburg, 2019.

[5] Guterres A. Remarks to the Internet Governance Forum[EB/OL] [2022-01-10]. https://www.un.org/sg/en/content/sg/speeches/ 2019-11-26/remarks-internet-governance-forum.

[6] International Telecommunication Union. Measuring Digital Development: Facts and Figures 2021[R]. Geneva, 2021.

作者简介

郭华东，中国科学院院士，可持续发展大数据国际研究中心主任，中国科学院空天信息创新研究院学术委员会主任、研究员。现任国际数字地球学会名誉主席、联合国教科文组织国际自然与文化遗产空间技术中心主任、“数字丝路”国际科学计划主席、《国际数字地球学报》和《地球大数据》主编。主要从事空间地球信息科学研究。

陈方，可持续发展大数据国际研究中心常务副主任、中国科学院空天信息创新研究院研究员、中国科学院大学岗位教授（A 类)。主要从事灾害遥感及地球大数据支撑可持续发展目标研究。

孙中昶，可持续发展大数据国际研究中心合作发展部部长，中国科学院数字地球重点实验室副主任、副研究员，海南省“南海系列”育才计划入选者。主要从事城市环境遥感和城市可持续发展等研究。

李晓松，可持续发展大数据国际研究中心研究员，中国科学院数字地球重点实验室副主任，国际对地观测组织土地退化零增长倡议工作组成员。主要从事土地退化与地球大数据分析研究。

梁栋，可持续发展大数据国际研究中心主任助理，国际数字地球学会中国国家委员会副秘书长，“数字丝路”国际科学计划副秘书长。主要从事极地遥感与地球大数据研究。

高速、开放的信息传播及机器信任对未来人类社会结构的影响机制是什么?

虽然高速的信息传播使得人与人之间的联系变得更加快捷，但开放的信息获取却使得人与人之间的信任关系受到严重挑战，区块链技术又以机器信任的方式使信任关系更加复杂化。因此，需要研究复杂网络理论、区块链技术及 6G 通信技术，三者的相互作用关系是什么？对于在高速的信息获取、开放的信息传播及机器信任的环境下对人类社会结构的影响机制是什么？

高速发展的科技对未来人类社会结构的影响机制

■ 刘　伟　金潇阳

近十年来，通信技术和互联网技术飞速发展，人们的生产生活与交流沟通的方式随之发生了颠覆性的变化。通信技术的迭代发展也引申出远超通信行业本身的价值和作用。在人们享受新兴技术带来的福利之余，也需要应对新技术带来的一些新问题，如人机的信任问题、社会网络结构变化引发的分析难题。区块链技术通过去中心化、非对称加密、分布式存储等机制，可以保证系统中的所有节点都能在信任的环境下自动安全地交换数据，用“智能合约”解决了“陌生信任”。上述技术方法解决了一部分信息篡改和恶意攻击的问题，但是从人机信任的关系来看，信任并非能够通过数据是否真实来评判，人机之间存在直接进行语言交流的障碍，各自有不同的认知模型，机器难以实现人类的自学习水平。这些问题直接影响着人们对自主系统的信任，本文将对人机智能的实现方向进行阐述。

复杂网络分析技术在从社会学、经济学到社会学的许多领域都被频繁使用，但是在信息科技高速发展的现在，小世界、弱连接、无标度、聚类的这些特性正在快速变化。著名的“六度分离”①假设已经被一些学者建议修改为“三度分离”②，面对新型冠状病毒肺炎疫情，行程码、轨迹分析重新定义了人们的互动半径与亲疏关系，需要进一步借助大数据、云计算、人工智能等工具由面到点地对社会网络进行个性化分析。本文将结合人-机-环境系统，对万物互联的世界中的人机问题展开讨论。

一、用发展的眼光看待新时代的人-机-环境系统

社会网络是指社会个体成员之间因为互动而形成的相对稳定的关系体系，其关注的是人们之间的互动和联系。社会网络是由许多节点构成的一种社会结构，节点通常是指个人或组织，社会网络代表各种社会关系，经由这些社会关系，把从偶然相识的泛泛之交到紧密结合的家庭关系的各种人或组织串连起来。社会关系包括朋友关系、同学关系、生意伙伴关系等。在

① “六度分离”是社会学家在研究社交网络时提出的一个概念。该问题源于社会学家、哈佛大学心理学教授斯坦利·米尔格拉姆（Stanley Milgram）在1967年做的实验——追踪美国社交网络中的最短路径。他要求每个参与者设法寄信给一个住在波士顿附近的“目标人物”，规定每个参与者只能转发给一个他们认识的人。米尔格拉姆发现完整的链路平均长度为6个人。

② “三度分离”意为在现代通信等技术的加持下，社会网络关系发生变化，“六度分离”理论中的链路平均长度缩短为3个人。

2012 年出版的《网络化：新的社会操作系统》(*Networked*: *The New Social Operating System*) 一书中，李 · 雷恩 (Lee Rainie) 和巴里 · 韦尔曼 (Barry Wellman) 将社会网络革命 (social network revolution)、移动革命 (mobile revolution) 与互联网革命 (internet revolution) 并称为新时期影响人类社会的三大革命。虽然社会网络革命是人类社会三大革命中最先出现的，却是最不为人关注的。社会网络革命带来的变化主要表现为广泛连接、群体性弱化和个人自主性增强[1]。

自 20 世纪 70 年代以来，随着人类学、心理学、社会学、通信、数学等学科的发展，对社会网络结构的探索逐渐受到重视。特别是近十年来，通信技术和互联网技术飞速发展，高速的信息传播使得人与人之间的信任关系受到严重挑战，区块链技术又以机器信任的方式导致信息关系更加复杂。在新科技的加持和变革下，之前用于描述人类社会关系的理论受到严重冲击，下文将会介绍复杂网络理论、区块链技术及 6G 通信技术之间的相互作用关系，探究高速信息获取、开放的信息传播机制，以及机器信任对人类社会结构的影响机制。

（一）移动通信

自 20 世纪 80 年代之后，移动通信技术已经对世界产生了深刻的影响。当移动通信已经将前沿拓展到了 5G 时代，6G 技术可挖掘的应用场景逐渐显现。6G 将会是更加先进的下一代移动通信系统，且其内涵会远远超过通信领域的定义，可以承载巨大的分布式神经网络，集通信、感知、计算等能力于一身。

在5G的基础上，6G可以跨越人、物、环境，向万物互联迈进。2020年前后，5G商用在全球快速铺开，扩展了“人联”，且在各类终端之间建立了“物联”，简单的人类社会分析慢慢演变为人–机–环境系统分析。6G将为人机环境提供更好的连接，推动“人联”“物联”向“智联”转变，开启智能社会。在5G的三大应用场景[2]之上，6G将新增人工智能和感知智能两大应用场景。伴随着物联网设备数量的快速增长和为学习算法提供数据的无线感知新能力的出现，人工智能将成为各类工作的自动化、智能化引擎。为了支持更多的使用场景以满足多样化的市场需求，6G必须建立可验证和可度量的定制化可信体系。未来6G可能促使网络所有权和运营权逐渐从运营商手中解脱出来，演变为一种多方参与、共建共赢的模式。此时就需要一个包容性的多模信任模式[3]。

与此同时，人工智能的发展正在促成一种新的社会形态——智能社会。人工智能的飞速发展对人类社会产生巨大的影响，从未来趋势可以判断，这种影响具有战略性和主导性[4]。以人工智能为核心要素的智能社会，将会是继狩猎社会、农耕社会、工业社会和信息社会之后的第五种社会形态。智能社会的形成与科技的发展密不可分，从某种程度上来讲，人工智能是智能社会发展的主要推动力。在科技发展的进程中，人类开始希望机器能够逐渐智能并拥有之前只有人类才拥有的能力，即在一些限定条件下自主学习和处理问题的能力，在某些限定条件、限定场景下能够半自主决策，或是有一定的自主意识，并采取相应的行动，替代人类主体发挥作用[5]。未来的智能社会将是一个万物互联的社会，各类信息载体、智能终端、计算资源以及配套的社会价值，将人类集合成为统一的整体，实现人类社会横向、纵向和端对端的扁平化、网络化、一体化高度集成 [6]。

（二）区块链

区块链通过基于共识的数学算法，在机器之间建立“信任”网络，通过技术背书来进行全新的信用创造，成为可支撑数字经济传递信任和管理价值的关键。近年来，区块链不仅在数字经济领域、加密数字货币的使用场景下崭露头角，在 6G 网络、工业互联网这类技术的加持下，区块链甚至可以重新定义整个网络空间的核心架构 [7]。

随着数字经济的深入发展，区块链等新一代信息技术日益融入经济社会发展的各领域、全过程，正在成为重组全球要素

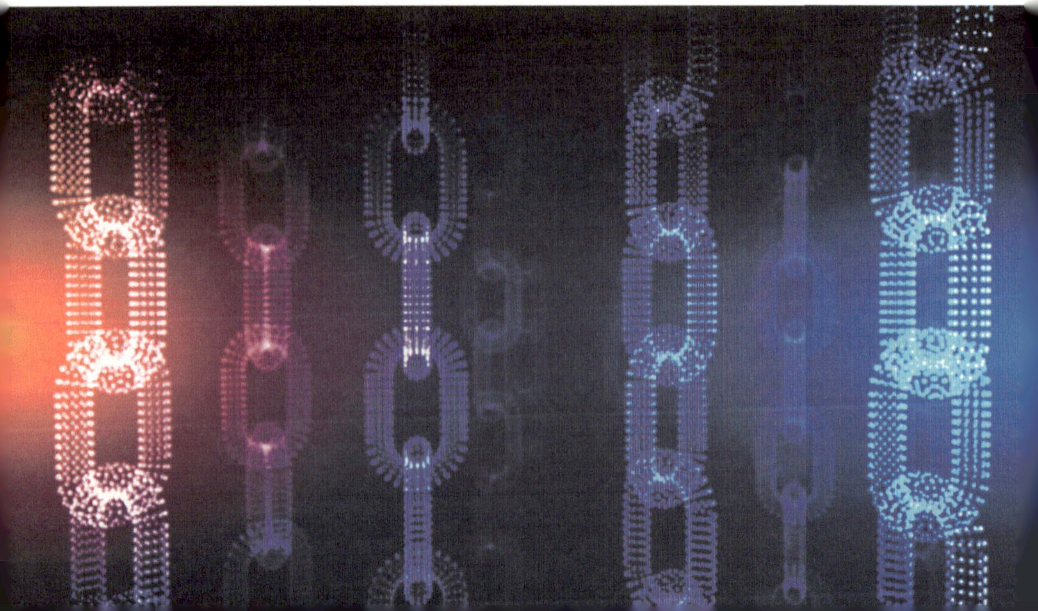

资源、重塑全球经济结构、改变全球竞争格局的重要力量。区块链技术具有基于多方公式、不可篡改、透明可追溯等特征，能够助力构建数字经济信任基础设计，形成产业链多方之间的分布式可信协作网络，推动实现更加强劲、绿色、健康的全球发展。围绕数据要素的可信流通，区块链开始步入以“信任链”“协作链”为导向的新发展阶段。区块链技术可以在低成本构建数据全流程信任通道的基础上，助力产业数字化转型，深度服务跨主体、跨领域的可信协作网络建设[8]。

（三）复杂网络

复杂网络的发展经过了三个阶段，即规则网络、随机网络和复杂网络。在实际的网络研究中，人们发现现实的复杂网络存在一些普世的规律性，如小世界、无标度、高聚合和弱连接等[9]。小世界特性的著名科学假设是“六度分离”理论，该理论是指在大多数人中，任意两个素不相识的人通过朋友的朋友，平均最多通过 5 个人就能够彼此认识。事实上，随着现代化交通和通信工具的快速发展，人与人之间的时空距离急剧缩小，人们的活动半径快速扩大。已经有学者提出将“六度分离”改为“三度分离”。更小的世界在给人们的沟通带来便利的同时，疾病和谣言等的扩散也变得更加容易。在无标度网络中，因为大多数普通节点只拥有很少的连接，少数的热门节点拥有极大数量的连接，所以无标度网络同时具有鲁棒性和脆弱性，错误发生在枢纽节点（连接数多的节点）的概率很小，但是蓄意攻击网络的枢纽节点将会很容易破坏网络结构。

二、人机关系、万物互联发展及其关键问题分析

（一）移动通信网络

根据全球移动供应商协会（Global Mobile Suppliers Association，GSA）的数据，截至 2021 年 6 月，全球 133 个国家和地区的 443 家电信运营商开展 5G 投资建设，其中 70 个国家和地区的 169 家运营商开始 5G 商用。我国于 2019 年 6 月 6 日正式发放 5G 牌照，两年以来 5G 发展势头迅猛[10]。

一是，在网络层面，我国已经建成全球最大的 5G 独立组网（SA），覆盖全国所有的地级以上城市。截至 2021 年 6 月，我国累计建成 5G 基站数量超过 96.1 万个，占全球 5G 基站数量的 70%。5GSA 网络已经覆盖全国 342 个城市[10]。与此同时，5G 网络的服务能力变强，建立了多频立体的供给能力，将逐渐实现由广覆盖向室内深覆盖演进。针对不同场景，还可以提供差异化的网络个性化配置，大幅提高效率。

二是，在用户层面，我国 5G 手机用户进入快速发展期，5G 手机用户突破 3 亿。截至 2021 年第二季度，我国手机终端连接数量达到 3.65 亿户，占全球 5G 用户的 73%[10]，大部分用户不再主动关闭 5G 网络（在 5G 网络建设初期，5G 手机用户开通 5G 网络后手机更容易耗电和发热，大量用户因此会选择主动关闭 5G 网络）。

三是，在应用层面，个人与行业应用成果初见成效，5G 个人应用涌现超高清和沉浸式等新型多媒体内容；5G 行业应用由

试点向商用推进；应用云化，业务形态由“重”变“轻”；应用无人化，从局域场景向广域场景拓展。

四是，在产业层面，5G 终端产品丰富，截至 2020 年 12 月，全球厂商共计发布了 519 款 5G 终端产品，包括智能手机，行业路由器，5G 固定接入客户前置设备（customer premise equipment, CPE）和虚拟现实（VR）/ 增强现实（AR）头盔、眼镜、车载终端等；国产芯片在设计和制造重要的两环都取得了阶段性成果，且开始具备芯片设计环节的自主能力；国产终端厂商开始从硬件、系统到生态全面演进，从单一的产品设计生产转为“1+N”的生态链。我国的终端产业在 5G 时代展现出从硬件、系统到生态的全面演进态势[10]。

从 5G 到 6G，增加了连接、感知和智能化运维，从以网络公有化为主向“公有化 + 私有化”转变；网络安全由以加密为基础的安全机制逐步向技术驱动的可信体系转化；网络算法中融入了对数据的分析和智能化处理；基础设施的建设更加强调计算基础设施和网络设施的共同建设；信号覆盖的范围乃至行业进一步扩大。

6G 强调的感知和智能化，也就是人–机–环境之间交互的能力，迄今人机交互的主要方式还是人去主动适应机器，去学习操作鼠标、键盘、触摸屏，去适应机器的指令操作。而在下一代人机交互网络中，希望实现的是以人为中心的体验[11]，人机交互的方式将转变为机器智能主动适应人，理解人的自然语言、手势和眼神。这些目标的实现需要新一代通信网络的支持，用高速、稳定的网络架起一座人机和虚拟世界之间沟通的桥梁。

智能不是人脑（或类脑）的产物，也不是人自身的产物，而是人、物、环境系统相互作用的产物，正如马克思所言：“人的本质不是单个人所固有的抽象物，在其现实性上，它是一切社会关系的总和。”[12] 事实上，真实的智能同样也蕴含着人、物、环境三种成分，在信息社会下，这个“物”其实就是“机”，所以我们身处人–机–环境系统之中。希望让人工智能在现有数学体系和软硬件的设计基础上拥有超越人类智能的能力几乎是不可能的，但将限定条件转换为人机一体化或是人–机–环境系统中就充满了可能性。人工智能是基于逻辑的，智能则不一定基于逻辑，其中还混杂了许多情感和非理性要素。智能是一个非常广阔的空间，它可以随时打开异质的集合，把客观的逻辑与主观的超逻辑结合起来。研究复杂性问题是困难的，所以需要将其分解为人、机、环境问题分析处理。研究智能，人所要解决的是“做正确的事（杂）”，机所要解决的是“正确地做事（复）”，环境所要解决的是“提供做事平台（复杂）”。正如中国科学院院士郭雷所言：“复杂性和智能化是系统科学发展的两个永恒的主题。复杂性主要体现的是系统科学认识世界的一面，而智能化主要体现的是系统科学改造世界的一面。”[13]

（二）机器信任

新兴技术（如云计算、大数据）加速了产业数字化转型，在为企业降本增效的同时，也为企业的 IT 架构带来了新的安全挑战。零信任安全理念及架构在数字化转型过程中能够有效应对安全痛点，打破了网络位置和信任间的默认关系，能够最

大限度地保证资源被可信访问[14]。信任问题不仅存在于狭义的网络中，在社会网络中乃至社会治理中也有其可以预见的作用，而区块链被视为解决数字信任问题的有力工具。

党的十九届四中全会强调，必须加强和创新社会治理，完善党委领导、政府负责、民主协商、社会协同、公众参与、法治保障、科技支撑的社会治理体系。为了实现这一目标，将最新科技成果应用于社会治理，区块链大有可为。在社会治理和公共服务中心，区块链有着广泛的应用空间，将有力推动社会治理的数字化、智能化、精细化、法制化。2020 年 4 月 20 日，国家发展和改革委员会首次明确新型基础设施的范围包括三个方面的内容，即信息基础设施、融合基础设施、创新基础设施。区块链首次被列为信息基础设施之列。区块链技术具有去中心化、不可篡改、可追溯等特点，区块链共识机制、智能合约、分布式一致性等特性与共建、共治、共享的社会治理体系相吻合，可以推动社会治理模式创新，赋能社会治理能力提升。技术创新持续活跃，底层功能架构趋于稳定，结合业务场景需求开展技术优化迭代成为下一步的重点。我国企业主导的联盟链开源项目陆续启动，开源生态建设驶入快车道。目前，区块链技术架构已趋于稳定，围绕产业区块链场景实际需求，相关技术朝着高效、安全、便捷的方向持续演化。联盟链主要服务于企业级应用，其关注重点在节点管控、监管合规、性能、安全等方面。其中，密码算法、对等网络、共识机制、智能合约、数据存储等核心技术进展相对缓慢，运维管理、安全防护、跨链互通等扩展技术发展较快，且与其他信息技术融合趋势明显，行业焦点逐步由核心技术攻关转向以面向场景优化为主。

在技术飞速发展的同时，在合适的地方应用技术才能最大化地发挥其作用，而不该“手里拿着锤子，看什么都像钉子”。人难以理解自动化机器已经成为限制人机协同控制安全实施及效能发挥的一个瓶颈，如何解决该问题，将人的认知能力与自动化机器的计算能力紧密结合，实现更加安全有效的人机协同控制，成为目前自动化机器开发和部署的难点。既然人对自动化的理解与自动化的实际能力之间总是存在差距，那么人缺乏客观评估自动化能力的缺陷只能由信任来弥补，信任是发展有效关系的关键因素，信任在人类合作中的重要性也得到了广泛认可。自动化信任（trust in automation）即人对自动化的信任，已经被确定为调节人与自动化之间关系的关键因素，其作用方式与人类之间的信任相似。人机合作是人工智能研究领域的一个重要课题。人机合作在人与人工智能系统之间建立起分工合理、配合默契的信任机制，可以在发挥人的智慧的同时，合理运用人工智能系统的高性能，目前已经受到了越来越多的关注。近年来，人机合作的研究普遍采用“以人为中心”的理念。信任在心理学和社会学等行为科学领域被分析与定义。尽管每个学科都有自己的研究视角，但是由于定义的多样性，很难对研究结果进行比较，人们一致认为，信任是涉及交易或交换的关系的基础。在人际信任中，信任的双方都是人。信任是人际互动的重要条件。在人际互动中，信任帮助人们面对不确定性，适时采取决策和行动。信任他人意味着必须承受易受对方行为伤害的风险，因此愿意承担易受伤害的风险也是人机信任的核心。在人机合作领域所进行的信任研究，大多基于一个定义，即“一方承受另一方风险或伤害行为的意愿”。人机合作中的“信任”是委托人主动提出的意图行为，它描述了委托人对目标委托人的信任程度或多或少的原因。对“信任”更全面的理解应该进一步考虑信任合作的过程，因为随着双方的不断互动，信任将逐渐演变。在行为科学领域，人们普遍认为，信任的动态演化可以分为初始信任和持续信任两个阶段。最初的信任（它）发生在合作建立之前。由于委托人（人）对目标委托人（人工智能系统）缺乏认识，依据目标委托人要求委托人在信息不足时承担一定风险，即目标委托人可能有意无意地有不履行预期责任的风险。这种信任意味着信任者在扩展信任之前，会根据自己的认知判断对情况做出理性的决定。持续型信任（continuous trust，CT）发生在合作建立以后，意味着信任方对目标信任体有了一点了解，可以在某些情境下预测目标信任体的行为。因此，持续型信任的本质是将合作行为的结果加入信任的反馈回路中。合作行为的结果（有利或不利）将影响拥有属性与目标信任方的下一次互动，进而影响信任。Hoffman[15]认为，人机合作中的信任也是一个变化过程，即人机合作信任是人对人工智能系统表现的心理预期与人工智能系统自身效能的一种混合交互过程，这种交互过程是通过人和人工智能系统持续的双向互动逐步建立起来的。因此，对人机合作中的信任研究也需要同时考虑初始型信任和持续型信任。

（三）复杂网络

物联网正在将现有行业重塑为以数据驱动决策为特征的智能行业。物联网的内在特性带来了许多挑战，如去中心化、互操作性差、存在隐私和安全漏洞。区块链技术为解决物联网挑战带来了机遇。区块链和物联网的综合被称为物联链（blockchain of things，BCoT）。信息通信技术的最新进展推动了传统计算机辅助行业向以数据驱动决策为特征的智能行业的发展。在这种范式转变期间，物联网将物理工业环境与计算系统的网络空间连接起来，从而在形成网络物理系统方面发挥了重要作用。具体而言，物联网具有以下特点：物联网系统的去中心化、物联网设备和系统的多样性、物联网数据的异构性和网络复杂性。

区块链技术被用于解决物联网系统的去中心化、信任问题，更新一代的移动网络技术提供了更大的接入量和更稳定的接入质量后，在人-机-环境系统中，数据的异构性、网络的复杂性开始显现出来，要真正实现一个万物互联的世界，需要分析的是复杂系统和复杂网络的问题。

人-机-环境交互系统往往由具有意志、目的和学习能力的人的活动组成，涉及许多变量和复杂的关系，贯穿于人的主观因素和意识目的之中，因此主客体之间的界限往往是模糊的，具有拥有属性的个性、人为性、异质性、不确定性、价值与事实的统一性、主客体的相关性。此外，人-机-环境交互系统在机器（设备）和环境（自然）的研究活动中具有明显的主客体区分，具有强烈的实证性、自由性、同质性、确定性、价值中立性、客观性等。总之，上述主客观因素的影响导致了人-机-环境交互系统的异常复杂性和不确定性。因此，研究人-机-环境交互系统不仅应该包括实验、理论、模拟、大数据等科学范式，还应该包括直觉、猜想、推测、风格、形象、情境等多种人类艺术方法，在有些情况下，还应该与哲学方法等联系起来，如现象、体现、分析、理解等。

在一个充满变量的人-机-环境交互系统中，存在的逻辑不是主观性和客观性的必然性与确定性，而是与各种可能性互动的同步性，是一种对游戏的“形态”的“获得”和“忘记”，一切都在改变能力。这种思维和能力可能更适合于人类各种复杂的艺术过程。这正是人工智能所缺乏的。

2021 年 5 月 28 日，习近平总书记出席中国科学院第二十次院士大会、中国工程院第十五次院士大会、中国科学技术协会第十次全国代表大会并发表重要讲话，他指出，科技创新速度显著加快，以信息技术、人工智能为代表的新兴科技快速发展，大大拓展了时间、空间和人们认知范围，人类正在进入一个“人机物”三元混合的万物智能互联时代[16]。人机智能是人–机–环境系统相互作用而产生的新型智能系统，其与人的智慧、人工智能的差异具体表现在三个方面：首先，在混合智能输入端，它将设备传感器客观采集的数据与人主观感知到的信息结合起来，形成一种新的输入方式；其次，在智能的数据 / 信息中间处理过程，机器数据计算与人的信息认知相混合，构建起一种独特的理解途径；最后，在智能输出端，它将机器运算结果与人的价值决策相匹配，形成概率化与规则化有机协调的优化判断。人机混合智能是一种广义上的“群体”智能形式，这里的人不仅包括个人，还包括众人；机不但包括机器装备，还涉及机制机理；此外，还关联自然环境与社会环境、真实环境与虚拟环境、网络环境与电磁环境等。

三、从人机混合智能角度看新时代的人、机、环境关系

万物互联的世界可以等同为一个人–机–环境系统，机器如何摆脱单纯的工具，融入整个体系之中，人机混合智能的概念由此应运而生。智能是一个复杂的系统，既包括计算也包括算计，一般而言，人工（机器）智能擅长客观事实（真理性）计

算，人类智能优于主观价值（道理性）算计。当计算大于算计时，可以侧重人工智能；当算计大于计算时，应该偏向人类智能；当计算等于算计时，最好使用人机智能。

（一）人机混合智能

人工智能的优势在于庞大的信息存储量和高速的处理速度，但是无法处理“休谟问题”，即能否从“是”（being）推出“应该”（should），也即能否从“事实”命题推出“价值”命题；也无法处理情感的表征问题。

人工智能是一种返回修改模式。也就是说，一组代码解决一个问题，以前是代码执行，问题尚未处理好程序就结束。人工智能是代码执行，问题没处理好，代码自动返回修改数据代码再执行。反复修改，也就是反复学习，这就是人工智能。当然，好的人工智能技术，在一定范围内可以自己修改不足的模型，进而可以在一定程度上模拟人的具体功能，如人类的部分计算、逻辑推理能力，但它对人类“非家族相似性”的类比、决策能力还是无能为力。所以，人工智能中的“人”并不是真的“人”。

人工智能有限的理性逻辑和困难的跨域能力是其致命的缺陷。人工智能无法理解相等关系，尤其是不同事实中的价值相等关系；人工智能也无法理解包含关系，尤其是不同事实中的价值包含关系（小可以大于大，有可以生出无）。人可以用不正规、不正确的方法和手段实现正规、正确的目的，还可以用正规、正确的方法和手段实现不正规、正确的意图。另外，人可以用普通的方法处理复杂的问题，还可以（故意）用复杂的方法解答简单的问题。

人机混合智能理论集中描述了一种由人、机和环境系统相互作用而产生的新型智能，它是一种结合了物理特性和生物特性的新一代智能科学系统。人机交互主要研究颈部以下的生理和心理人体工程学，人体工程学主要研究颈部以上的大脑和计算机的结合。人机混合智能在以下三个方面不同于人的智能和人工智能：首先，在智能输入端，人机混合智能的思想不单单依赖硬件传感器采集的客观数据或是人的五官感知到的主观信息，而是将两者有效地结合起来，并且联系人的先验知识，形成一种新的输入方式；其次，在信息处理阶段，也是智能产生的重要阶段，将人的认知方式与计算机具有优势的计算能力混合起来，构建起一种新的理解途径；最后，在智能的输出端，将人在决策中体现的价值效应加入计算机逐渐迭代的算法之中相互匹配，形成有机化与概率化相互协调的优化判断。在人机混合的不断适应中，人将会对惯性常识行为进行有意识的思考，机器也将会从人的不同条件下的决策发现价值权重的区别。人与机器之间的理解将由单向性转向双向性，人的主动性将与机器的被动性相混合。人类善于处理应有的价值取向的主观信息，而机器不仅善于处理存在等规则概率的客观数据，还会从人类处理应有信息的角度优化其算法，结果是，“人 + 机器”既大于人又大于机器。

人机混合采用分层的体系结构。人类通过后天完善的认知能力对外界环境进行分析感知，其认知过程可分为记忆层、意图层、决策层、感知与行为层，形成意向性思维；机器通过探测数据对外界环境进行感知分析，其认知过程分为目标层、知识库、任务规划层、感知与执行层，形成形式化思维。相同的体系结构指明人类与机器可以在相同的层次之间进行混合，在不同的层次之间也可以产生因果关系（图 1）。

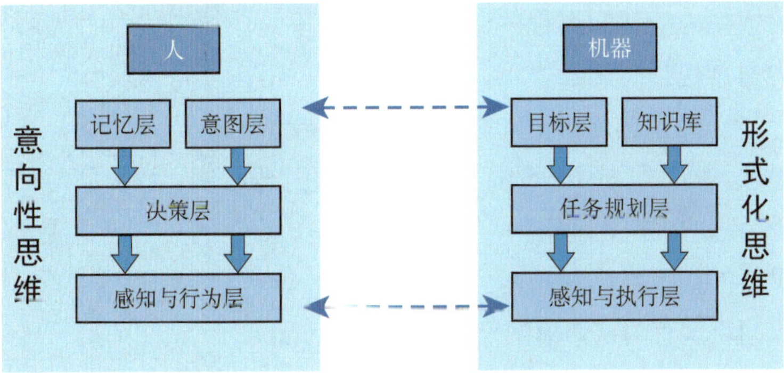

图1　人机混合智能示意图

（二）计算–算计模型

1. 算计简述

算计本质上是人类没有数学模型的计算。计算的局限性无法通过图灵机突破，所以对人的非理性、非逻辑思维解构与在机器上的重建就具有非凡的意义。从对人的认知模式的理解，尝试解释人的认知能力和构建出能学习、推理的认知模型，已经在一些应用领域取得不错的效果。之后对意识的理解构建出的意识图灵机（conscious Turing machine，CTM）[17] 在处理问题时能做到其思维过程的意识觉知。即便如此，我们对人类的思维过程的模仿依然显得很拙劣，对人类的直觉、灵感、顿悟等能力的模拟还是没有好的方案，更别说对人类特有的责任、价值的理解了。

2. 认知模型

认知模型是对人类认知能力的理解，并在此基础上构建的模拟人的认知过程的计算模型。这里的认知模型中的认知能力通常包括感知、表示、记忆与学习、语言、问题求解和推理等[18]。为了构建出更加智能的机器，我们希望从人的身上寻找灵感，同时也是更好地探索和研究人的思维机制，特别是人对周围信息的感知处理机制，进而可为打造出真正的人工智能系统提供新的体系结构和技术方法[19]。Duch 等[20]根据记忆和学习的不同将现有的认知模型分为符号化（symbolic）认知模型、浮现式（emergent）认知模型和混合型（hybrid）认知模型三种。粗略地讲，符号化认知模型侧重于利用高阶符号和陈述性知识，采用传统人工智能的自上而下的分析方法处理信息，如认知模型中的 SOAR（state, operator and result，状态、运算符和结果）模型、EPIC（executive-process interactive control，执行过程交互控制）模型、NARS（non-axiomatic reasoning system，非公理推理系统）等。浮现式认知模型则利用低水平的激活信号流经由无数处理单元组成的网络，采用一种自下而上的处理方法，这种处理依赖于浮现式自组织属性和连接属性。混合型认知模型则将这两种方式结合起来，具备符号化认知模型和浮现式认知模型的某些特点，如 ACT-R（adaptive character of thought-rational，理性思维的适应性特征）模型、LIDA（learning intelligent distribution agent, 学习智能分布式代理）模型、4CAPS［cortical capacity-constrained concurrent activationbased production system，这是由卡内基·梅隆大学的马塞尔·贾斯特（Marcela Just）和萨尚·瓦尔玛（Sashank Varma）开发的认知架构。它是 CAPS 和 3CAPS 认知架构的继承者］等。

3. 意识图灵机

意识图灵机的灵感来源于图灵的简单而强大的图灵机。与前文提到的对大脑或思维认知的构建提出的认知模型不同，意识图灵机是针对意识构建的简单数学模型。认知神经科学家 Baars 提出的全局工作空间理论[21]论述了对意识的理解，另有一些对脑中神经相关物的研究，布鲁姆（Bloom）基于此提出了意识图灵机。意识图灵机能够在处理信息过程中对意识内容产生意识觉知，能够体验感觉而不仅仅是模拟感觉，提出这些感觉（如痛苦和快乐）产生的可能方式。意识图灵机适合对其所做的高级决策做出解释，这就为人工智能的不可解释性问题的解决提供了思路。另外，我们认为在意识图灵机中有意识和自由意志的感觉，以及幻觉和梦境的体验。

4. 算计

人机混合智能系统不仅需要机器的强计算能力，更重要的是需要人的智慧，是一种理性与非理性、机的计算与人的算计深入混合的智能系统。机的客观数据采集输入、逻辑推理和决策输出已经在应用中大展拳脚，而对于人的认知决策过程还需要进一步理解建模，才能实现算计能力。

算计也即盘算，意思是筹划谋算，对事情的经过或结果进行仔细而从容的反复思考或考虑，它的近义词包括权衡、谋略、谋、预备、筹算。算计也即人们对于做什么的慎思斟酌算计，对应于英语中的 deliberations，weightings，plans，strategies。算计与计算的不同之处在于涉及能否计算与如何计算。

认知是人获取和应用知识的过程，知识图谱是人对客观世界的各要素之间的理解进而尝试表示的一种形式，在目前的人工智能应用中已有良好的表现。在简单问答数据集上的问答能力已经可以和人类相媲美，但对于复杂的问题依然无能为力。这是因为复杂问题需要多跳的表征和推理。在算计中，与计算上仅仅依靠硬件传感器采集到的数据进行输入、表示过程不同，算计需要基于目标驱动和价值驱动对数据进行动态表征。如今的深度学习系统中并没有恒定的知识表征，对不同的学习数据就会有不同的表征形式，并没有基于其自身的原点对数据进行不同事实甚至责任、价值的划分。而人类的大脑中存在参考系的恒定表征（参考系为位于大脑皮层的上层），人类是基于自身的观念（如欲望、义务）对于不同的事实数据进行表征理解。在计算、算计的不同表征中，连续特征空间为人（算计）的认知内容，离散语义符号空间代表机（计算）的感知系统，二者之间还应存在一种连续的准语义空间。我们可以通过上升（raising）操作将连续空间中的特征表征迁移到准语义空间中，进而通过抽象操作将准语义空间中的表征迁移到离散语义符号空间中。反过来，我们可以通过嵌入、投影，将离散语义符号空间中的表征迁移到连续特征空间。这样一来，我们就构建了一种感知、认知相结合的通道。数学的表征常常涉及具体事实抽象化，其推理内容则严格按照逻辑来进行，这当然不可或缺，但总是有非理性非逻辑的存在。简单问题，通过一定的知识图谱表示和问题求解程序在现今的人工智能系统下就能实现求解，但复杂问题往往需要多跳的推理。这种多跳的推理不仅是计算中的映射，更重要的是一些非逻辑的漫射（如发散思维）、影射（如联想想象）等。人类的推理常常具有试探性，是经过多次试错、根据结果反馈校准之后进行下一步操作，而现有的人工智能的逻辑推理缺乏这种主动的试错性，这就在最后的决策过程中导致效果欠佳。有人提出了基于图的可解释认知推理框架，即以图结构为基础，将逻辑表达用作对复杂问题的分析过程，从而表示成显式的推理路径。可是图的结构化必然会过滤掉一些非结构化的隐信息，可以在一定程度上解释迁移性，但更像是一种“硬解释”，似乎整个结构就是为推理过程服务。算计的弹性推理不仅需要知识驱动和数据驱动的联合，而且需要更有价值和责任的引领，这样在推理过程中才会有非理性的见解、直觉等表达。计算的决策输出则是根据逻辑推理的结果或者大数据、概率的优化产生，算计则可做出一些不合逻辑的意向性表达。计算的处理是从事实到新的事实，算计则是可以从事实通过动态表征和弹性推理实现价值体现[22]。

5. 计算-算计模型

本文根据现有的计算及认知领域成果，提出计算-算计模型（图 2）。这里有个前提，由人、机、环境构成的系统不仅仅涉及数学、计算机科学、心理学、哲学等领域，还涉及诸多其他学科混合的复杂系统，既具有确定性，也具有随机性。本文在此不对人、机、环境系统进行更加细致的客观描述，只是对其进行可行性的模型预测。

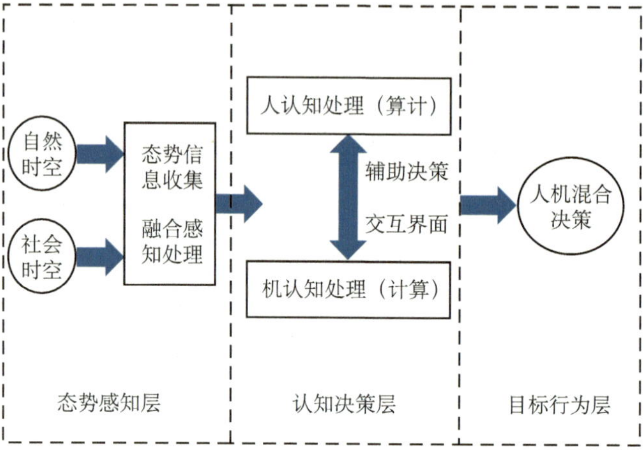

图2 计算-算计模型图

态势感知层内包含环境信息。环境包括自然时空与社会时空内的环境，一切问题的源头都来自自然与社会，可以说，人类知识的来源也是如此，此环境包含了确定与不确定的成分。除此之外，态势感知层还负责态势信息收集与融合感知处理。数学领域的微积分类似于这一过程，通过将已知数据进行处理，从而接近问题答案。指挥与控制领域的情报收集与分析同样是对信息的感知处理，相对于数字与微积分符号，情报的量化更加复杂，更多的是交由经验丰富的指挥员处理。传统的自动化方法及机器学习算法可能会导致“回路外”问题，因为人类对任务的态势感知度较低，人类对任务与环境的感知在很大程度上基于经验，便容易产生自满情绪或缺乏警惕性。环境的不确定反馈也会对“回路外”问题产生影响，凸显了在紧密结合与松散结合的人、机、环境交互之间实现平衡的重要性。当前，算法处理后的数据可解释性下降，使得人类困于“回路外”，同时也产生人类对智能代理（agent）的信任度下降问题。

认知决策层类似于对态势感知信息的深加工，其不仅仅取决于人的传统意义上的认知，而且需要机器推理的能力。人类的推理基于直觉、逻辑、关联等认知能力，算计的思想包含于其中。20 世纪 80 年代，专家系统盛行，基于人工智能的专家系统风靡一时，机器可以进行简单的问答，但是问答内容局限性较强。主要原因除了计算能力有限外，还有机器被授予的推理能力基于一对一、一对多、多对一的知识映射关系。如何实现在动态表征下的弹性推理，在具备足够硬件算力条件下是值得考虑的问题。将动态表征下的知识进行散射、漫射、影射，实现多跳推理，是解决该问题的关键。模糊逻辑提供一个或多个连续状态变量，可映射至相应类别进行推理和决策；神经网络利用在典型案例数据库的训练过程中学习到的可变互联权重进行知识的表达；遗传与进化算法在进化遗传学的启发下，采用重复仿真的方法，缩小潜在的选项范围，选择最优解决方案。人类通过人机交互界面与机器交互，机器给予人类辅助决策。实现机件人化是人机混合中迈出的一大步。

目标行为层主要体现在人机混合决策。当出现更高水平的智能体时，人类永远处于决策的最高层，这是在许多领域达成的共识（在目标追求低人力成本条件下例外）。意义建构对真实世界中的生存至关重要，很多研究表明，人类努力建构这个世界中的对象、事件和态势的意义。人类较擅长迹象解读，对人类而言，建构是一种心理活动。为了使得机器有效与人类合作，机器与人类的反应与决策应当将相同的对象、事件或态势解读为相同的迹象，或者获得相同的意义。机器的辅助决策在必要时刻同样需要提供更完整的意义建构，达到人机混合决策的目标。

四、小结

社会网络结构被前沿的科技重新定义，新的网络结构逐步走向人-机-物三元融合，成为真正的人-机-环境系统。机器在网络节点中不仅负责透明传送信息，还负责对信息进行二次加工计算。未来智能网络，博弈态势高度复杂、瞬息万变，多种信息交汇形成海量数据，仅凭人脑难以快速、准确处理。只有人机融合的运行方式，基于弹性数据库、互联网、物联网、车联网等技术群，系统（人 + 机 + 环境）才能应对瞬息万变的任务情境，完成调度控制任务。

随着无人网络系统自主能力的提升和人工智能集群功能的增强，自主决策逐步显现。一旦调度系统实现不同功能的智能化，感知、理解、预测的时间就会大大压缩，效率将会明显提高。

用于诸多智能传感器图像处理的模式识别、用于网络实时决策的最优算法，将赋予未来智能网络系统更加高级的决策能力，逐步实现人、机与环境智能网络系统的联合运行。

参考文献

[1] Rainie L, Wellman B. Networked: The New Social Operating

System[M]. Cambridge: The MIT Press, 2012.

[2] ITU-R.IMT Vision-Framework and Overall Objectives of the Future Development of IMT for 2020 and Beyond[EB/OL][2022-03-07]. https://www.itu.int/dms_pubrec/itu-r/rec/m/R-REC-M.2083-0-201509-I!!PDF-E.pdf.

[3] 华为 .《6G：无线通信新征程》新书发布 . [EB/OL][2022-02-02]. https: //www.huawei.com/cn/technology-insights/future-technologies/6g-the-next-horizon

[4] Zygiaris S. Smart city reference model: assisting planners to conceptualize the building of smart city innovation ecosystems[J]. Journal of the Knowledge Economy, 2013, 4(2):217-231.

[5] Lavey W G. Integrating Project Evaluation into Funding Environmental Sustainability at Universities [EB/OL][2022-02-02]. https://digitalcommons.law.villanova.edu/elj/vol26/iss1/1.

[6] Allevato B, Ribeiro S K. Financing the Transition for a Sustainable Campus: Experiences from Brazil [M]//Filho W L, Skanavis C, do Paço A, et al. Handbook of Theory and Practice of Sustainable Development in Higher Education. Berlin: Springer, 2017: 231-241.

[7] 中国信息通信研究院工业互联网与物联网研究所 . 区块链基础设施研究报告（2021 年）[R/OL][2022-02-02]. http://www.caict.ac.cn/kxyj/qwfb/ztbg/ 202107/t20210726_381147.htm.

[8] 中国信息通信研究院 . 区块链白皮书 [EB/OL] [2022-02-02]. http://www.caict.ac.cn/kxyj/qwfb/ztbg/202107/t20210726_381147.htm.

[9] Granovetter M S. The strength of weak ties[J]. American Journal of Sociology, 1973, 78(6):1360-1380.

[10] 中国移动研究院 . 5G 两周年：渐入佳境 [EB/OL][2022-02-02]. https://www.djyanbao.com/report/detail?id=2694735&from=search_list.

[11] 华为 . 通信网络 2030：构建万物互联的智能世界 [EB/OL][2021-10-01].https://www-file.huawei.com/-/media/corp2020/pdf/giv/industry-reports/communications_network_2030_cn.pdf.

[12] 中共中央马克思恩格斯列宁斯大林著作编译局 . 马克思恩格斯选集 · 第 1 卷（第二版）[M]. 北京：人民出版社，1995：56.

[13] 郭雷 . 系统科学进展 2[M]. 北京：科学出版社，2019：6.

[14] 中国信息通信研究院云计算与大数据研究所，腾讯云计算（北京）有限公司 . 数字化时代零信任安全蓝皮报告（2021 年）[EB/OL] [2021-10-01]. http://www.caict.ac.cn/kxyj/qwfb/ztbg/202105/t20210521_377790.htm.

[15] Hoffman R R, Johnson M, Bradshaw J W, et al. Trust in automation [J]. IEEE Intelligent Systems, 2013, 28(1):84-88.

[16] 新华社 . 习近平：在中国科学院第二十次院士大会、中国工程院第十五次院士大会、中国科协第十次全国代表大会上的讲话 [EB/OL][2021-12-01].http://www.qstheory.cn/yaowen/2021-05/28/c_1127505625.htm.

[17] Blau M, Blum L. A theoretical computer science perspective on consciousness [J]. Journal of Artificial Intelligence and

Consciousness, 2021, 8(1): 1-42.

[18] Wintermute S B. Abstraction, Imagery, and Control in Cognitive Architecture[D]. Michigan: University of Michigan, 2010.

[19] Langley P, Laird J E, Rogers S. Cognitive architectures: research issues and challenges[J]. Cognitive Systems Research, 2009, 10(2):141-160.

[20] Duch W, Oentaryo R J, Pasquier M. Cognitive architectures: where do we go from here?[J]. Frontiers in Artificial Intelligence and Application, 2008, 171: 122-136.

[21] Baars B J. In the theatre of consciousness. Global Workshop Theory, a rigorous scientific theory of consciousness [J]. Journal of Consciousness Studies, 1997, 4(4): 292-309.

[22] 刘伟 . 人机混合：超越人工智能 [M]. 北京：清华大学出版社，2021.

作者简介

刘伟，北京航空航天大学工学博士，北京邮电大学人工智能学院研究员，剑桥大学访问学者，人机混合智能专家。现为中国信息与电子工程科技发展战略研究中心专家委员会特聘专家、国家自然科学基金评审专家、全国人类工效学标准化技术委员会委员、中国人工智能学会高级会员。主要研究方向为人机融合智能、认知工程、人机环境系统工程、未来态势感知模式与行为分析 / 预测技术等。至今发表论文 70 多篇，出版专著 5 部，译著 4 部。

金潇阳，北京邮电大学硕士研究生，主要研究方向为人机交互、辅助决策、人机混合智能。

在一个日益被追踪和连接的世界里，人们如何确保个人的隐私和安全？

人们每天都在创造数据，无论是来自商店和信用卡的购买位置数据，还是使用地图应用程序的地理位置数据，甚至是拍摄和标记的照片，这些看似毫无关联的数据可以被汇集在一起，确定一个人的信息。这种数据监控可以由政府完成，也可以由商业公司完成。如何利用信息技术更好地为用户提供服务，并保护人们的隐私，避免人们受到侵扰性的监视？

信息网络社会的隐私、安全与信任

■ 孙家广　王建民　叶晓俊　金　涛　刘　璘

在信息网络时代，人们每天都在通过互联的移动网络设备购物支付、定位导航、沟通交往，海量的交易行为数据、实时位置轨迹数据、照片影像与社交关系数据流向了提供相应在线服务的企业或组织。这些看似毫无关联的数据汇集在一起，可以得到关于日常行为、性格偏好、社会关系、家庭和工作地点等个人敏感信息。

一方面，及时有效的数据获取和汇聚是数字社会与智能社会的基础，是获取科学新知和提供个性化精准服务决策的重要前提；另一方面，隐私安全是公民的基本权利，何时何地向谁透露什么信息须遵从个人意愿。保护个人敏感信息不受企业、网络黑客、权威机构或未经授权的第三方盗用和滥用，是政府及企业的义务，也是建设公平社会的需要，需要提供必要的法律约束与技术保障手段。

隐私保护问题涉及多个相互竞争的目标间的权衡。首先，是个人隐私权保护与社会公共安全治理过程中的个人数据合理采集利用需求之间的权衡；其次，是个人隐私安全保护和网络社交需求之间的权衡；再次，是个人数据安全保护责任与企业商业利益之间矛盾的权衡；最后，是个人信息安全保护技术应用与系统可用性及技术成本与使用代价之间的权衡。在新的历史背景下，需要对隐私、数据安全与信任相关科学问题的内涵和意义进行重新解读；需要基于个人对隐私安全的认知，依据国内外个人隐私数据保护的相关法律和法规，在具体问题背景下，对信息物理网络空间环境进行可信性评估之后，做出权衡决策，选择可操作、可实施的应对举措。

一、引论

信息技术驱动人类社会的发展进步。

人们身处开放连接的信息物理网络世界，跨越地域与时间的界限，在智能手机、智能家电、智能手表、平板电脑和笔记本电脑等多种联网设备间自由切换，访问社交网络、在线商城、地图导航、订餐约车平台，享受无处不在的便捷信息服务。

随着人们与信息网络的联系日益紧密，人们在毫无保留地交出个人信息的同时，也于不经意间将个人信息、喜好、感受、思考等交予平台提供者，并为基于个人信息衍生出的其他产品买单。个人数据在企业平台上持续汇聚，使企业有能力通过数据的分析利用实现营销和变现目的。

新型冠状病毒肺炎疫情加速了人类生活线上线下融合的步

伐，却难以迅速提升人类和技术之间的信任关系。从广告的盈利模式来说，很多移动应用依赖对用户数据的精准把握。很多互联网企业都存在隐私驱动的商业理念，这是本质问题。隐私保护为什么难？从根本上讲，隐私数据保护的上下文相关性导致了问题的复杂性和难度，个人对隐私保护重要性的认知和偏好程度不同，因此很难用一刀切的方法、策略和技术手段来应对与处理。在数字化治理时代，如何重新解读信任、隐私、社会治理等关键概念？如何采取合理的科学技术手段保护自身的隐私数据安全？这些成为多学科的学者共同感兴趣的主题。

二、问题的定义与内涵分析

顾名思义，隐私是“关于个人的私密信息”，如个人的身体状况、家庭状况、婚姻状况等，凡是个人不愿意公开披露且不涉及公共利益的部分都可归为“个人隐私”[1]。

个人信息是以电子或其他方式记录的与已识别或可识别的自然人有关的各种信息，不包括匿名化处理后的信息，如姓名、身份证号码、地址、网络身份标识、社会身份标识、有价证券、基因数据等。从本质上讲，个人信息大多属于隐私，受法律保护。

个人信息保护非常重要的内容包括：个人有权力决定什么时候、怎么样以及多大范围的个人信息可以被他人获知[2]。换言之，就是要确保个人身份敏感信息的私密性，隐私权是控制个人基本信息以及行为相关信息的留存、共享与公开披露的权利或能力。

个人隐私信息保护是数据管理者、处理者、使用者（企业）应该对数据提供者或数据主体（个人）做出的承诺。企业在收集个人敏感信息时，需要征求数据主体的意见，并保证这些信息只用于数据主体同意的目的。当全球各行业都在数字化转型，当数字化生活因新型冠状病毒肺炎疫情提前到来时，传统物理空间中的隐私和信任概念面临挑战，亟待“演化”，要通过多种途径提升人类对技术的信任水平。关于隐私、信任、社会治理等概念需要在新的历史时期做出重新解读。

三、国内外隐私保护法律规范现状

我国第一部有关个人信息安全的专门法律——《中华人民共和国个人信息保护法》于 2021 年 8 月 20 日第十三届全国人民代表大会常务委员会第三十次会议通过，同年 11 月 1 日起正式施行。该法明确提出保护个人信息权益，规范个人信息处理活动，促进个人信息合理利用。

国家市场监督管理总局、国家标准化管理委员会于 2020 年 3 月 6 日修订发布《信息安全技术 个人信息安全规范》（GB/T 35273—2020），并于 2020 年 10 月 1 日正式实施，规定了开展收集、存储、使用、共享、转让、公开披露、删除等个人信息处理活动应遵循的原则和安全要求。《信息安全技术 个人信息安全影响评估指南》（GB/T 39335—2020）于 2020 年 11 月 19 日正式发布，并于 2021 年 6 月 1 日起正式实施。针对个人信息处理活动，检验其合法合规程度，判断其对个人信息主体合法权益造成损害的各种风险，评估用于保护个人信息主体的各项措施的有效性的过程。加强对个人信息主体权益的保护，有利于组织展示个人信息安全保护能力，提升透明度，增进个人信息主体的信任。《信息安全技术 个人信息去标识化指南》（GB/T 37964—2019）于 2019 年 8 月 30 日发布，2020 年 3 月 1 日起实施。该标准描述了个人信息去标识化的目标和原则，提出了去标识化的过程和管理措施。针对微数据提供具体的个人信息去标识化指导，适用于组织开展个人信息去标识化工作，也适用于网络安全相关主管部门、第三方评估机构等组织开展个人信息安全监督管理、评估等工作。

2021年3月，国家互联网信息办公室秘书局、工业和信息化部办公厅、公安部办公厅、国家市场监督管理总局办公厅四部门联合发布《常见类型移动互联网应用程序必要个人信息范围规定》(以下简称《规定》)，规范包括移动智能终端应用软件和小程序的个人信息收集行为，保障公民个人信息安全。《规定》明确了地图导航类、网络约车类、即时通信类、网络社区类、网络支付类、网上购物类等39类常见移动应用程序必要个人信息范围，要求其运营者不得因用户不同意提供非必要个人信息而拒绝用户使用应用程序(App)基本功能服务；网络直播类、新闻资讯类、运动健身类、拍摄美化类等13类App无需个人信息即可使用基本功能服务。

2021年，工业和信息化部分3批共计通报319款侵害用户权益的移动App。以1月通报的首批157款侵害用户权益的App名单为例，存在“违规收集个人信息”问题的App达134款，占比超过85%。后两批通报名单中存在该问题的App占比分别为65%和80%。

在政策驱动和市场需求的共同作用下，隐私计算成为商业和资本竞争的赛道市场。信息技术研究和分析公司高德纳(Gartner)在其报告中将隐私计算纳入2021年最前沿的九大趋势之一，并指出，到2024年全球隐私驱动的数据保护和合规技术支出将突破150亿美元。

为应对新型冠状病毒肺炎疫情，由苹果与谷歌两家公司共同开发的“接触者追踪”系统，运用蓝牙技术追踪不同手机间的距离。也就是说，如果有用户的新型冠状病毒肺炎病毒检验呈阳性反应，那么其他用户的手机将搜寻过去一段时间的资料，判断是否有密切且长时间接触感染者的风险。虽然上述两家公司强调该系统可以保护用户隐私，但许多人仍然保持谨慎态度。美国皮尤研究中心（Pew Research Center）最新的调查统计数据也证明了这一点，当被问及如何看待利用智能手机来了解个人的社交隔离情况时，62% 的人表示不可接受。表 1 给出了与个人信息安全相关的部分国际标准。

表1　与个人信息安全相关的部分国际标准

序号	标准类型	标准编号	标准名称
1	国际标准	ISO/IEC 29100:2011	信息技术 安全技术 隐私保护框架
2	国际标准	ISO/IEC 29101:2013	信息技术 安全技术 隐私保护体系结构框架
3	国际标准	ISO/IEC 29190:2015	信息技术 安全技术 隐私保护能力评估模型
4	国际标准	ISO/IEC 29191:2012	信息技术 安全技术 部分匿名、部分不可链接鉴别要求
5	国际标准	ISO/IEC 27018:2014	信息技术 安全技术 可识别个人信息（PII）处理者在公有云中保护 PII 的实践指南
6	国际标准	ISO/IEC 29134	信息技术 安全技术 隐私影响评估指南
7	国际标准	ISO/IEC 29151	信息技术 安全技术 可识别个人信息（PII）保护实践指南

续表

序号	标准类型	标准编号	标准名称
8	国际标准	ISO/IEC 27550	信息技术 安全技术 隐私保护工程
9	国际标准	ISO/IEC 27551	对 ISO/IEC 27001 在隐私保护管理方面的增强要求
10	国际标准	ISO/IEC 29184	信息技术 安全技术 在线隐私通知和准许指南
11	英国标准	BS 10012:2009	数据保护 个人信息管理系统规范

各国家和地区关于个人信息保护的立法模式和内容有着比较明显的差别。美国采取分散立法的方式。从 20 世纪 80 ～ 90 年代起陆续发布了若干相关法律。例如，1986 年颁布了《电子通信隐私法》(Electronic Communications Privacy Act，ECPA)，保护公民免受政府对数字通信和其他数字存储数据的监视，加强对计算机传输电子数据的保护。但随着新的网络信息技术发展，该法现有内容无法为新的场景提供有效法律参考依据。1996 年颁布的《健康保险可携性与责任法案》(Health Insurance Portability and Accountability Act，HIPAA) 制定了电子医疗保健和数据隐私的国家标准，旨在实现个人医疗保健信息免遭欺诈和盗用。2000 年 4 月实施的《儿童在线隐私保护法》(Children's Online Privacy Protection Act of 1998，COPPA) 是为了保护对隐私缺乏认识和警惕性的未成年人受到非法数据收集的侵害，规定了网站隐私政策内容，以及何时必

须征得监护人同意。2020 年 1 月 1 日，美国《加州消费者隐私法案》（California Consumer Privacy Act，CCPA）正式生效。目前除了加利福尼亚州外，内华达州也已通过了新的消费者隐私保护法案。CCPA 以及其他州的类似法案证明美国正在逐步加大对消费者隐私的保护力度。

欧洲则是通过统一立法的方式，对各领域的个人信息收集、处理和利用做出统一的规定。2018 年 5 月 25 日起正式实施的欧盟《通用数据保护条例》（General Data Protection Regulation，GDPR）是影响全球数据保护的“史上最严数据保护条例”。只要涉及欧洲公民个人数据的收集、记录、处理和使用，就要遵从该条例的要求和条款。该条例明确规定了个人数据的范围与数据处理的类型，个人数据处理的合法性、合理性、透明性、目的性、准确性、完整性、保密性、时限性、最小化等原则，以确保数据主体权利的行使，以及数据控制与处理者的责任与限制。2022 年 2 月 23 日，欧盟通过了关于公平访问和使用个人数据以外的数据的统一规则的拟议条例，称为《数据法案》（Data Act），该法在 2020 年 11 月提出《数据治理法案》（Data Governance Act）的基础上补充创建了促进数据发展的流程架构，明确了谁可以从数据中创造价值，以及在什么条件下创造价值，通过制定有关使用物联网设备生成的数据规则来确保公平性。

四、未来发展方向及关键科学问题

当今数据的产生方式使得隐私保护不再意味着保护计算机

网络安全性，导致未来互联网发生根本性变革。从广义上讲，隐私保护涉及科技、法律、经济、社会心理、科学伦理、与人文历史的跨学科复杂问题，其有效应对是社会进步、法制健全、科技伦理提升的重要标志。

首先，隐私问题具有人文社会科学属性[3]。从社会个体层面来看，隐性问题具有认知科学、心理学属性；从社会层面来看，隐性问题关系到社会治理以及作为数字社会基础的信任关系的建立。社会科学中的信任是一种依赖关系，可信社会中的个人或团体践行政治与道德守则，信守商业和法律承诺。在心理学中，信任是一种稳定的信念，是个体对他人话语、承诺和声明可信赖的整体期望。个人基于对数字技术安全性和可信性

的认知与信任，有选择地合理提供数据。因此，在数字时代，重建信任至关重要。

其次，隐私保护具有经济属性[4]。个人身份数据具有经济价值，对其的安全保护也要付出一定经济代价。许多情况下，当用户获得免费产品的访问权限时，其代价就是关于自身的数据。无偿服务的背后，商家的盈利模式就是用户数据的收集与广告的定向投放。在隐私安全的业务模式下，用户通常需要付费购买或订阅服务。教育和引导公民尽可能减少在数字网络空间留下个人足迹，这是保护个人数据和自身利益免受侵害的最有效方法。

最后，隐私保护促进信息科学技术理论、模型与支撑技术的演变[5]。在大数据时代，由于系统中普遍留存大量的个人信息，当发生网络攻击等安全事件时，个人信息泄露带来的后果远比一般数据泄露的后果严重。尤其是当个人信息泄露与网络诈骗和勒索病毒等违法行为关联时，其破坏性后果无法估量。随着大数据分析能力的增强，个人数据的安全保护、由数据挖掘分析间接导致的个人信息泄露和个人数据保护面临更为艰巨的挑战。隐私安全计算技术支持内含隐私信息的数据脱敏与数据的安全。

五、具体可实施的措施建议

数字社会的可持续良性发展需要融合计算机硬件与网络、软件工程、数学、密码学、数据科学、人工智能等学科方向的创新理论与应用。数字社会从网络架构设计开始，要通过数学和物理理论构建安全模型、协议与软硬件支撑系统。在人机交互过程中完成可信的数据传输访问与服务交换，并不断检验和完善信任模型的可靠性、可用性和完整性[6]。

（一）信息物理融合信任体系构建

社会治理思维和信任体系的升级要满足信息社会持续发展的要求。要综合考虑数据安全管理责任边界划分与数据安全流动的需求，通过构建信息物理融合的数据可信授权体系来保证数据流动性和安全性的平衡。

基于个体间自然建立的信任、基于协议合约的信任、基于可信第三方的信任和基于去中心化的区块链数字化系统的信任，构建多元多维度的信任体系。将传统的社会信任定义与数字化时代的信任使能技术相融合，将伦理道德经验、法律合规检查验证与国家机器信任，以及以数学、物理规则为基础，以加密和算法组成的程序的信任建立映射关系。该体系下的信任度量是由人、组织管理流程和信息技术共同建立的信息物理世界的信任度，是国家和个人、企业和消费者对数据安全与个人隐私保护能力的信度值。

“零信任”安全架构模型自提出以来便得到互联网安全业界的普遍认可。“零信任”将信任授权赋予信任主体自身，不存在特权用户、流量、系统、区域，突破基于物理逻辑边界的账号、身份、存储等多个分离割裂的数字权利寄存关系。从用户进入网络开始，无论其 IP 地址或角色如何转变（比如其所在访问主体切换），都用赋予其自身的强安全验证方式来简化网络内外的层级验证信任放行的做法，使用户主体始终处于安全（验证）可信可控范围，从而最终实现类似现实世界里基于刷脸通行的鉴权方式，彻底构建从现实世界向虚拟世界的信任过渡，实现线上线下无缝衔接的“数字信任”方案，实现保护国家、企业数据和所有其他个人数字资产的使命。

（二）隐私计算理论与技术平台构建

隐私计算理论与方法本质上是在保护数据隐私的前提下，解决数据流通、数据应用和数据价值的转化和释放等问题。隐私计算的设计理念包括数据可用不可见，数据不动模型动，数据可控可评测，数据不共享、价值共享等[7]。隐私计算的主要相关技术包括：一是以安全多方计算为代表的（部分）通用多方交互协议；二是以联邦学习为代表的面向机器学习应用的多方交互协议；三是以可信计算环境为代表的基于可信硬件及系统的中心化技术实现方案。

图灵奖得主、中国科学院院士、清华大学交叉信息研究院院长姚期智在接受《人民日报》访谈时，特别提到了多方安全计算对于国家科技自主和发展中国原创技术的重要性。多方安全计算理论[8]的目标是在一组无信任关系的参与方之间保护隐私信息，在无可信第三方的前提下完成协同计算问题。换言之，多方安全计算的目的在于通过数学理论，保证参与计算的各方成员输入信息的私密性，同时获得准确的计算结果。多方安全计算技术和系统，允许对加密后的数据进行特定的代数运算，得到的结果与直接对原始数据进行相同运算的结果相同。通过安全算法和协议，参与者在将数据提供给其他方之前以纯文本形式加密或转换数据。任何参与者都不能以明文形式访问其他方的数据，从而保证各方数据的安全性。

联邦学习是一种分布式机器学习技术和系统[9]，允许两个以上客户节点在不共享本地数据的前提下，通过服务器进行多方协同机器学习模型训练。客户节点通过安全的协议分别进行机器学习算法模型训练，可以将模型训练结果通过服务器共享，用于对外提供模型推理和预测服务。这种方式得到的模型效果可以逼近传统的数据集中型的机器学习模型训练得到的效果。联邦学习技术支持数据不出管理域，让算法模型跨域迁移，完成数据驱动的模型训练，进而优化算法模型。未来要解决的问题包括在模型共享过程中仍然存在的数据泄露风险，以及服务器端模型因受到攻击而无法收敛的问题。

可信计算[10]是为了提高计算机硬件和网络结构的安全性，从逻辑正确验证、计算体系结构和计算模式等方面开展的系列创新。中国工程院院士沈昌祥认为，系统的可靠性和安全性是可信计算最主要的两个属性，包括从安全可信根的创建到硬件平台、操作系统、应用系统的信任链的搭建。从根的可信度评估开始逐级认证，然后逐步扩展信任等级，从而构建一个安全可信的计算环境。可信计算系统由可信根节点、可信硬件平台、可信操作系统和可信软件组成，实现计算平台环境安全可信的目标。如图 1 所示，隐私安全计算技术研究经过了多次迭代演进，关注点从保护数据的隐秘性和构建物理与网络安全环境，扩展到数据可用不可见条件下的计算正确性，以及基于人工智能背景下的数据安全与预测结果可信性。

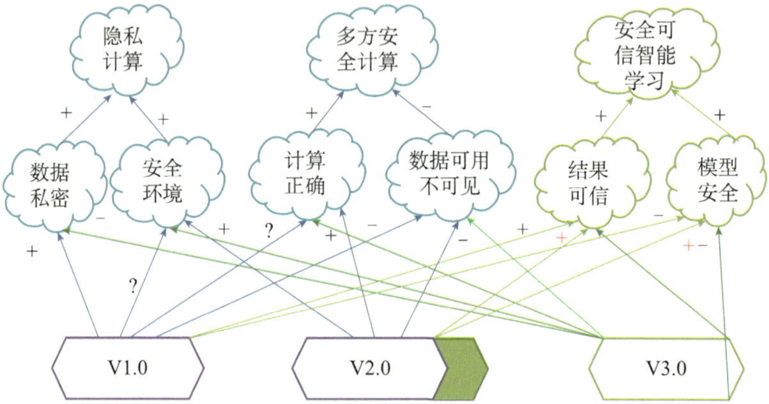

图1　隐私保护计算技术关注点的演进

（三）隐私保护相关法规建设

为了保护个人信息安全，同时促进数据的共享使用，需要在已有法律法规的基础上，持续完善制定与个人信息保护相关的标准和实践指南。针对国内外个人信息安全与隐私保护领域涌现的最新问题开展理论研究，总结提炼行业最新最佳实践，研究个人信息保护的目标、原则、技术、模型、过程和组织措施，提出能科学有效地抵御安全风险、符合信息化发展需求的个人信息保护指南。标准法规的制定应立足于为个人信息从采集、存储、处理、共享、分析、应用到销毁的全生命周期的规范化管理提供切实可行的标准参考和行动依据。

（四）个人隐私保护教育资源平台建设

在大数据、云计算、万物互联的时代，基于个人数据的应用日益广泛，因此数据安全与个人隐私保护是“一场人民战争”。切实开展面向公民个人，尤其是未成年人的个人信息安全教育对消除问题隐患是一个有效和必要的途径，与时俱进的教育资源的制作、教育开展途径的扩展、教育效果的评估等工作的开展同样迫在眉睫[11]。基于人机交互、游戏化设计、虚拟现实、增强现实领域技术新进展研发相关的教育资源，开展面向社会大众的知识普及教育是重要的隐私安全保护意识提升手段之一。综上所述，信息网络社会的个人隐私数据安全保护与信任提升需要从融合个人、企业、政府多个视角出发，建设本质安全的理论和易于实践的信息物理系统技术支撑平台。同时，需要持续完善法律规范体系，提升企业与个人对隐私保护的教育与认知，促进全社会达成关于个人隐私保护的共识。

参考文献

[1] Hermalin B, Katz M. Privacy, property rights and efficiency: the economics of privacy as secrecy. Quantitative Marketing and Economics[J]. 2006, 4 (3), 209-239.

[2] Leino-Kilpi H, Välimäki M, Dassen T, et al. Privacy: a review of the literature[J]. International Journal of Nursing Studies, 2001, 38(6): 663-671.

[3] Hirshleifer J. The private and social value of information and the reward to incentive activity [J]. American Economic Review,1971,61 (4), 561-574.

[4] Posner R A. The economics of privacy[J]. American Economic Review,1981,71(2): 405-409.

[5] Li F H, Li H, Niu B, et al. Privacy computing: concept, computing framework, and future development Trends[J]. Engineering,2019, 5(6): 1179-1192.

[6] Sun L, Ye X J, Zhao J, et al. BiSample: bidirectional sampling for handling missing data with local differential privacy[M]//Database System for Advanced Application. Berlin: Springer-Verlag, 2013.

[7] Yang Q, Liu Y, Chen T J, et al. Federated machine learning: concept and applications[C]. ACM Transactions on Intelligent Systems and Technology (TIST), 2019:10(2): 1-19.

[8] Andrew C C Y. Protocols for secure computations[C]. 23rd Annual Symposium on Foundations of Computer Science (SFCS1982), 1982: 160-164.

[9] Blanco-Justicia A, Domingo-Ferrer J, Martínez S, et al. Achieving security and privacy in federated learning systems: survey, research challenges and future directions[J]. Engineering Applications of Artificial Intelligence, 2021, 106: 104468.

[10] 沈昌祥，张焕国，王怀民，等 . 可信计算的研究与发展 [J]. 中国科学：信息科学，2010，40(2)：139-166.

[11] Yasin A, Liu L, Li T, et al. Improving software security awareness using a serious game[J]. IET Software, 2019, 13(2): 159-169.

作者简介

孙家广，中国工程院院士，清华大学软件学院教授，大数据系统软件国家工程研究中心主任，国家企业信息化应用支撑软件工程技术研究中心主任，中国图学学会理事长。主要从事计算机图形学、计算机辅助设计、软件工程与系统的教学、研究与开发。

王建民，清华大学软件学院教授、院长，国家杰出青年科学基金获得者，大数据系统软件国家工程研究中心执行主任。主要研究方向为工业数据软件，具体包括工业大数据系统软件、非结构化数据管理技术与系统、产品生命周期管理技术与系统。

叶晓俊，清华大学软件学院教授，清华-中国人寿财险工业安全大数据联合研究中心主任。主要研究方向为数据安全与隐私保护技术、网络攻击智能发现技术、过程安全管理方法。

金涛，清华大学软件学院助理研究员，博士，主要研究方向为工作流、业务过程管理、大数据安全标准。

刘璘，清华大学软件学院副研究员，博士，主要研究方向为软件需求工程、系统安全需求分析、面向领域的大数据分析与智能应用研发。

直面人类未来
2021年度人类社会发展十大科学问题解读

项 目 组

组　　长：刘兴平　王康友

副组长：林润华　史永超

成　　员：万玉刚　王立波　田　恬　刘志远　陈广仁
李　娜　祝叶华　徐丽娇　柳成荫